KB202341

어떻게 지속성장할 것인가

어떻게 지속성장할 것인가

교토 천 년 상인과 강소기업의 생존 비법!

SUSTAINABLE GROWTH

홍하상 지음

클라우드나인
CLOUD 9

머리말

불황에서도 성장하는 기업이 있다

교토 시내에는 1,200년 이상된 부채가게 마이센도를 비롯하여 1,000년 이상 된 가게가 6개나 있다. 200년 이상 된 가게는 1,600개에 달한다. 100년 이상 된 가게는 너무 많아서 집계가 안 될 정도이다. 그들은 최하 100년에서 최고 1,000년 넘게 장사해오면서 이른바 '교토식 상법'을 만들었다. 그 바탕이 되어 탄생한 교토 강소기업이 세라믹 필터의 대명사 교세라, 무라타 제작소, 일개 연구원이 노벨상을 탄 시마즈 제작소, 일본전산, 게임기의 닌텐도, 옴론, 로옴, 호리바 제작소, 와코루, 니치콘 등이다. 이들 100여 개사는 자신의 부품 소재 분야에서는 모두 세계 1위 최강의 기업이 되었다.

이들 세계 1위의 강소기업들은 교토식 상법을 바탕으로 독창적인 경영 기법을 만들어낸다. 이러한 교토식 상법은 전 세계 어디에서도 찾아볼 수 없는 진기명기에 가깝다. 이들 부품 기업들의 경영 기법 이면에는 1,000년을 번영해 온 가게들의 상법이 숨어 있다. 그들은 그 바탕 아래 기존의 상식 따위는 과감히 파괴하고 독창적 경영 기법을 개발하여 해당 분야의 세계 1위가 되었다. 그 결과 일본의 지난 '잃어버린 20년'에 대기업들이 흔들리고 있을 때도 연간 30%에 가까운 고성장을 이뤘으며 지금도 약진하고 있다. 교토의 강소기업과 천 년 가게들은 매일 제품의 진화와 경영방식의 진화를 거듭함으로써 세계의 어느 기업과 가게가 따라올 수 없는 독보적인 경영 스타일과 기술을 가지게 되었다.

한국의 경기가 어렵다고 한다. 미국 경기가 나쁘니 세계 경기가 나쁘고 한국 경기도 나쁘다고 말하는 것은 하지하책下之下策이다. 지금 위기에 빠진 기업과 가게는 크게 반성해야 한다. 그러한 기업과 가게는 평소에도 문제가 많았기 때문이다. 여기서 살아남는 기업만이 진정한 승자이고 그러한 기업만이 세계 시장에서 이길 수 있다. 이제 2등은 필요 없다. 이번 기회에 우리가 가지고 있던 2등의 요소들을 모조리 제거하고 1등의 DNA를 만든 후 그 DNA를 진화시키는 것이 살길이다.

불경기 후에는 반드시 호경기가 온다는 것은 만고의 진리이다. 지금 체질을 바꾸지 않으면 호경기가 왔을 때 큰 파이를 먹을 수 없다. 지금의 위기는 하늘이 준 기회이다. 이때 우리는 위기를 기회로 바꾸는 근본적인 체질 변화를 해야 한다. 그것이 기업이 살 길이고 또한 한국이 살 길이며 21세기 한국이 초일류로 도약할 기회이다.

2016. 7

홍하상

서문

천 년 상인과 강소기업에게 배우자

교토에서는 상인을 쇼닌商人이라고 하지 않고 아킨도あきんど라고 한다. 아킨도란 본래 쌀장사를 가리키는 말이다. 과거에는 쌀장사가 돈을 가장 많이 취급해 상인 중의 상인으로 꼽혔다. 그러다 보니 뛰어난 장사꾼을 아킨도라고 부른다. 아킨도라는 말이 생긴 건 헤이안시대 중기이다. 794년 교토가 일본의 수도로 지정된 이후이다. 그때부터 상인을 쇼닌이라 부르지 않고 아킨도라고 불렀다. 그만큼 교토는 상인의 본고장이자 상인의 뿌리이다.

어느 나라나 수도에는 관록 있고 전통 있는 가게가 많지만 특히 교토는 1,000년 이상의 역사를 가지고 지금도 영업 중인 가게가 5개가 있다. 가장 오래된 가게는 771년에 창업한 혼수품 가게 겐다로 1,245년간 영업 중이고 두 번째는 790년에 창업한 부채 가게 마이센도이고 세 번째는 889년에 문을 연 불교 용품점 다나카이고 네 번째는 971년에 문을 연 한약방인 히라이죠 에이도이다. 그 뒤로 1000년에 문을 연 인절미 가게인 이치와가 1,016년째 영업을 해오고 있다.

현재 교토에서 1,000년 이상의 역사를 가지고 영업 중인 가게는

5곳 정도이다. 하지만 아직 알려지지 않았거나 자신들의 창업 연도를 확인할 문서가 남아 있지 않은 가게까지 합치면 더 늘어날 수도 있다. 세계의 도시 중 교토처럼 오래된 가게가 많은 도시는 없다.

상인 정신이 투철한 사람들만이 1,000년을 살아 남는다

한국은행이 발표한 자료를 보면 세계 41개국에 200년 이상의 장수 기업(점포 포함)이 5,586개가 있다. 일본이 3,113개로 전체의 56.3%를 차지하고 있고 독일 837개로 15.0%, 네덜란드 222개로 4.0%, 프랑스 196개로 3.5%, 영국 186개로 3.3%, 러시아 148개로 2.7%의 순이다. 그중 세계 1위의 장수 기업은 오사카에 있는 건축 회사 곤고구미金剛組로 578년에 창업해 무려 1,438년의 역사를 가지고 있다. 2위 역시 708년에 창업한 일본 야마나시 현의 게이운칸慶雲館 여관이고 3위 역시 718년에 창업한 일본 이시카와 현의 호시法師 여관이다.

현재 일본 전국에는 1,000년 이상의 역사를 가진 가게가 모두 9개로 그중 5개가 바로 교토에 있다. 또한 500년 이상 된 가게나 기업은 32개이며 200년 이상은 3,113개이다. 100년 이상은 5만 개가 넘는 것으로 집계되고 있다. 상황이 이러하니 교토에서는 200년이 채 안 되면 가게로 쳐주지도 않으며 3대 이상 살지 않은 사람은 교토 사람으로 인정하지 않는다. 과거 1,100년간 일본의 수도였다는 유별난 자존심과 책임감으로 상인 정신이 가장 투철한 사람들이 바로 교토 사람들이다.

니시키 덴만궁 신사

어떻게 가장 오래됐으면서 최고의 제품만 파는 곳이 탄생했는가

니시키 시장錦市場은 단연 일본 최고의 재래시장으로 손꼽힌다. 정확하게 124개의 점포가 늘어서 있는데 일본에서 가장 오래된 시장이자 최상의 물건을 파는 시장이다. 1600년 9월 세키가하라 전투에서 도쿠가와 이에야스德川家康는 도요토미 히데요시豐臣秀吉의 군대에 압승하여 사실상 일본을 통일했다. 도쿠가와 이에야스는 1603년 교토에 자신의 교토 출장소에 해당하는 니조성二條城을 지으라고 명령하고 또 한편 텐카부신天下普請 명령을 내려 지방 성주들에게 에도 성을 지으라고 지시하고 바쿠후幕府를 오사카에서 에도로 옮긴다고 포고했다.

그 후 도쿠가와 이에야스는 휭 하고 에도로 가버렸다. 도요토미 히

니시키 시장은 일본 전체에서 가장 전통 있는 시장이다. 생선, 채소, 밑반찬, 어묵, 그릇 등이 유명하다. 특히 교토 지방에서 나는 최상의 채소로 만든 밑반찬 쓰케모노漬物는 그 맛이 뛰어나기로 정평이 났다. 124개의 점포가 미로처럼 늘어선 이 시장은 늘 활기에 넘쳐 있고 구경하는 재미가 있다. 니시키 시장의 역사는 줄잡아 400년이다. 그 역사만큼이나 수백 년 된 점포가 꽤 많다. 1617년에 개업한 사바스시고등어초밥로 유명한 이요마타伊豫又와 1619년에 개업해 주방용 칼 등 부엌용품을 전문적으로 파는 아리츠쿠有次가 여전히 영업 중이다. 그 외에 1790년 개업한 두부 피皮인 유바湯葉로 유명한 가라나미기치唐波吉와 1801년 개업한 여관이자 가이세키 요리점인 긴마타가 100년 이상의 역사를 가진 점포가 수없이 많다. 니시키 시장의 가게들은 당시 일본의 수도인 교토에서 쇼군 도쿠가와 이에야스를 비롯한 귀족, 천황가, 서민들에게 식자재와 각종 생활필수품을 공급하는 배후 시장으로 자리 잡았다.

데요시의 본거지인 오사카나 그 영향권인 교토에 있기 싫었기 때문이다. 오사카나 교토 등 간사이 지방은 도요토미 히데요시의 망령이 살아 있었다. 특히 오사카 상인들은 도요토미 히데요시의 열렬한 추종자들이었다. 그가 천하의 상권을 모조리 몰아다가 오사카 상인들에게 주었기 때문이다. 그것은 오사카 상인들에게만 이로운 게 아니라 인근의 백성 모두에게 이익이 되었던 일이다. 도쿠가와 이에야스에게

가격표가 붙어 있는 반찬가게.

오사카 상인은 경쟁자였던 도요토미 히데요시만큼이나 얄미운 존재였던 것. 오늘날에도 오사카 시민은 도쿠가와 이에야스를 싫어한다. 반면에 도요토미 히데요시는 고마운 은인으로 생각하고 있다. 도요토미 히데요시는 그들에게 부를 가져다준 데 반해 도쿠가와 이에야스는 부를 빼앗아 간 사람이기 때문이다.

1615년 최후까지 항거하던 오사카 성이 함락되면서 완전한 천하통일이 이루어지자 도쿠가와 이에야스는 오사카 성을 부수고 새 오사카 성을 지으라고 명령했다. 도요토미 히데요시가 살던 곳이라 그의 이미지를 오사카 사람들의 뇌리에서 지워버리기 위해서였다. 그는 막대한 돈이 드는 오사카 성의 건축 비용을 충당하려고 자신에게 비우호적인 토자마 다이묘外様大名들로부터 400만 석을 공출해 10년간 개축 공사를 했다. 도요토미 히데요시의 망령을 제거하고 토자마 다이

묘의 힘을 빼기 위한 이중 계략이었다. 이렇게 해서 오사카 성은 본래의 4분의 1 크기로 다시 지어졌다. 오늘날의 오사카 성은 도요토미가 지은 것이 아니라 도쿠가와 이에야스가 새로 지은 것을 1931년에 또 다시 지은 것이다.

도쿠가와 이에야스는 에도로 가기 전 '교토의 부엌'이라는 니시키 시장을 만들었다. 뛰어난 지략가였던 그는 니시키 시장도 다목적용으로 설치했다. 그는 자신의 교토 출장소쯤에 해당하는 니조성에 각종 식자재를 공급하고 일본 경제의 중심이었던 오사카 상인을 견제하면서 상권을 최대한 교토 쪽으로 옮겨 오사카 상인의 힘을 빼앗은 것이다.

교토는 794년부터 일본의 수도였다 보니 도쿠가와 이에야스가 니시키 시장을 설치하기 이전부터 이미 관록 있는 수많은 점포가 있었다. 그는 거기에 음식 재료나 주방용품 등을 공급하는 당시 일본 최신식의 니시키 시장을 설치하여 천하의 상권을 최대한 교토 쪽으로 이동하려 했다.

당시 수도인 교토에 일본 최대 최고의 시장이 만들어지자 전국에서 내로라하는 상인들이 들어와 터를 잡기 시작했다. 채소 장수, 생선 장수, 쌀 장수, 부엌칼 장수, 어묵 장수, 두부 장수 등의 상인들이 신천지 교토의 니시키 시장으로 몰려들었다. 그 무렵 교토로 상경한 상인 중에는 오늘날까지 니시키 시장에서 장사를 하는 집안이 여럿 있다. 시코쿠에서 이요마타라는 사람이 1617년에 교토로 상경해 니시키 시장에서 생선장사를 하다가 지금은 사바스시인 고등어초밥을 팔면서 400년째 영업 중이다. 주방용 칼 등 부엌용품을 전문적으로 파는 아리츠쿠가 2년 후인 1619년에 개업하여 일본 대표 칼가게로 지금도 영업 중이다.

니시키 시장 외에 교토 시내 곳곳에 새로운 가게들이 문을 열기 시작했다. 1624년에 벽지가게 가라쵸, 1626년에 녹차가게 리큐인, 1637년에 두부가게 오쿠단과 청주의 대명사 겟케이칸이 문을 열었다. 1655년 고춧가루와 후춧가루를 파는 양념가게 시치미야, 1657년 인형 가게 나카야마, 1658년 팥빵의 온바야, 1660년 칠기가게 죠시코, 1663년 문방구 규코도, 1680년 떡가게 사와야, 1688년 목공소 야스이, 1689년 떡가게 니시오 야츠하시, 1700년 후쿠다 금박, 1711년에는 같은 금박 가게인 호리킨 박분이 개업했다.

1716년 여관 미노키치, 1717년 오차가게 잇포도 차포, 1764년 젓가락가게 이치하라, 1788년 핫토리 직물, 1790년 두부 피인 유바로 유명한 가라나미기치, 1801년 가이세키 요리의 긴마타가 문을 여는 등 상인들이 일본 각지에서 올라와 가게를 새로 열었다. 도쿠가와 이에야스가 천하를 통일한 후 오사카 상인 대신 교토 상인을 키우려 한다는 기대감이 컸던 것이다.

어떻게 일본의 '잃어버린 20년' 불황을 돌파했는가

신흥 상인들은 꿈과 열정을 가지고 자신의 가게를 일으켰다. 일본의 재래시장인 니시키 시장은 일본에서 가장 오래된 시장이자 최고의 물건을 파는 시장으로서 지금까지 그 명성을 이어왔다. 특히 지난 20년간 일본의 불황에도 교토 상인들이 흔들림 없이 자신의 길을 걸어온 것은 주목할 만하다.

니시키 시장에는 최고의 상품과 최고의 자존심으로 무장한 124개의 점포가 늘어서 있다. 대형 마트의 공격에도 끄떡하지 않고 자신들만의 시장 브랜드로 초고가 상품을 만들어 일본 소비자들에게 여전히 사랑받는 니시키 시장 상인들의 400년 노하우를 알아보자.

차 례

1장

장인정신으로 승부하라

극도의 집중과 자기절제가 경쟁력이다

400년 고등어초밥집 이요마타

니시키 시장 안에 이요마타伊豫又라는 자그마한 생선초밥 가게가 있다. 조그마한 방 하나에 좌석이라고 해야 탁자 4개로 약 20석 정도다. 가게 앞에 생선초밥 진열장이 놓여 있다. 진열장 뒤에서 젊은 부인이 오가는 손님들에게 맛있는 생선초밥을 먹고 가라고 권한다. 메뉴가 다양하지만 이 가게의 18번은 역시 사바스시고등어초밥이다. 사바는 유도후탕두부, 니신소바청어 메밀국수, 가이세키요정코스요리, 오반자이교토 밑반찬와 더불어 교토를 대표하는 음식이다.

시간은 오후 3시. 주방에서는 저녁 장사 준비를 위해 바쁘게 움직이고 있다. 사바스시 1인분을 주문하고 주인 도요타 마타시게 씨와 잠시 얘기를 나누었다. 주인의 인상이 부드럽다. 가게의 개업은 1617년으로 자신이 20대째라고 한다. 교토학원대에서 경영학을 공부한 후 도쿄의 초밥집에서 3년간 기술을 배웠고 1980년 가업을 잇기 위해 교토로 내려와 지금까지 일하고 있다.

이 가게의 1대 조상 이요마타는 시코쿠 지방의 에히메 현에서 교토로 상경하여 이 가게를 처음 열었다고 한다. 식당 이름 이요마타는 1대 조상이 자신의 이름을 따라 지은 것이다. 개업 당시 1대 조상은 성이 없고 이름만 있는 평민 출신이었다. 일본에서 평민이 성을 갖게 된 것은 1868년 메이지 유신 이후이다. 이요마타의 자손들은 메이지 시대에 도요타라는 성을 얻어 그 이름을 호적에 올렸다.

시골에서 상경한 이요마타는 니시키 시장 골목에서 생선 장사를 했다. 그러다가 후손이 1696년경 바로 오늘날의 장소로 옮기면서 지금까지 영업해오고 있다고 한다. 교토에서는 가장 오래된 고등어초밥집이다. 비린내가 강한 생선인 고등어가 초밥으로 거듭날 때까지는 긴 세월이 걸렸다.

가장 만들기 어려운 고등어초밥으로 승부한다

'고등어는 한 식경 만에 먹을 때 가장 맛있다'는 말이 있다. 부패가 빠른 생선이라 날로 먹을 때는 시간을 다투기 때문이다. 그래서 발달한 것이 고등어 길이다. 후쿠이 현의 오바마 바닷가 마을에서 교토 사쿄쿠左京區에 이르는 80킬로미터 구간을 말한다. 옛날 일본에서는 우리의 동해에 해당하는 일본해 앞바다 와카사 만에서 고등어를 잡아 교토까지 등짐으로 운반했다. 한 사람이 약 30킬로그램으로 등짐을 하고 오바마로부터 부지런히 걸으면 하루면 교토에 도착한다. 이렇게 운반된 고등어는 도매상을 거쳐 곧 시장이나 요릿집으로 들어간다.

우리나라 안동 지방은 간고등어로 유명하다. 안동 간고등어 역시 경상도 강구, 후포, 죽산 등지에서 잡힌 고등어가 내륙인 안동까지 운

이요마타 외경

이요마타 실내

반된 것이다. 이 길 역시 '고등어 길'이다. 고등어는 항구부터 안동까지 등짐으로 운반되면서 도중에 서서히 부패한다. 이때 고등어 몸에서 가장 맛이 좋은 육즙이 나오는데 바로 걸어서 안동에 도착할 때까지 걸리는 시간이다. 안동에서는 바로 그 고등어를 받아 곧바로 소금에 절였고 살짝 부패한 고등어가 소금과 어우러져 안동 간고등어만의 최상의 맛을 내게 된다.

일본에도 와카사 해안에서 잡힌 생선을 염장하지 않고 그대로 내륙인 교토까지 가지고 왔다. 과거 에도 시대에는 소금 간을 하는 풍습이 없었다. 고등어는 주로 구워먹거나 생강을 얹어 먹다가 점차 요리법을 개발하여 새로운 요리가 탄생하게 되었다. 예를 들어 2월에 고등어를 소금에 절여 나무통 안에 넣었다가 장마 때 꺼내어 먹기도 했고 고등어 튀김과 고등어탕도 개발했다.

일본은 생선초밥의 나라이다. 그들은 기어이 부패하기 쉬운 생선인 고등어로도 초밥을 만들었다. 고등어를 적당히 소금에 절여 밥 위에 얹은 것이다. 누가 사바스시를 제일 먼저 개발했는지에 대한 기록은 없다. 다만 교토 최대의 축제인 아오이 마쓰리나 기온 마쓰리 때 고등어를 소금에 절여 신에게 바쳤고 또한 사바스시를 먹었다는 기록이 있으므로 그 역사는 짧지 않아 보인다.

쌀 한 톨 고등어 한 마리도 허투루 구매하지 않는다

사바스시가 나왔다. 사바스시는 에도마에江戶前스시와는 다르게 다섯 개만 준다. 교토의 사바스시는 오늘날 한국 사람들이 먹는 스시와 다르다. 우리가 흔히 먹는 스시는 에도마에 스시로 에도도쿄의 옛 이름의 스시이다. 오사카나 교토의 간사이 지방 스시는 도쿄를 중심으로 한 간토 스시인 에도마에 스시와는 근본부터 다르다.

간사이 지방의 스시가 도쿄로 올라오면서 10개는 먹어야 배가 부를 만큼 크기가 작아졌다. 간사이 지방의 스시가 발효 스시인 데 비해 에도마에 스시는 날 음식이다. 교토 지방이 날씨가 더워서 발효 스시를 고수한 것이고 도쿄는 날씨가 시원해서 날 스시 쪽으로 발전했다. 사바를 매운 된장국인 아카다시 시루와 함께 먹었다. 사바고등어의 맛이 우리나라 것보다는 조금 짜다. 일본 날씨가 우리보다 덥기 때문이다.

이요마타의 사바스시는 고등어를 약한 소금 간에 겨울에는 60시간 절이고 여름에는 40시간 정도 절인 다음 소금기를 씻어 식초물에 2시간 정도 넣었다가 위에 다시마를 얇게 덮어 만든다. 스시 위에 다

이요마타 사바스시. 일본은 생선초밥의 나라이다. 그들은 기어이 부패하기 쉬운 생선인 고등어로도 초밥을 만들었다.

시마를 덮은 것은 고등어의 비린 맛을 없애고 먹을 때 슬슬 미끄러지듯이 쉽게 먹을 수 있도록 하기 위해서다.

이요마타의 사바스시는 고등어의 비린 맛을 즐길 수 있을 정도로 정확하게 맛을 냈다. 밥알은 차지고 힘이 있으며 밥알의 맛과 향기가 풍부했다. 조금 아쉽다면 우리나라의 것보다는 음식을 차게 내와서 뜨거운 국물이 없었다면 먹기에 부담스러웠을 것이다. 일본은 더운 나라이다 보니 한국보다는 음식을 차게 내오는 경향이 있다. 동행한 일본인 친구 하라다 고지 씨는 음식이 찬데도 불구하고 나보다 훨씬 빠르게 먹었다. 찬 음식에 별 부담을 느끼지 않는 듯했다. 식사를 마친 하라다 고지 씨는 최상의 맛이라고 평가했다.

제주도산 고등어 30센티미터짜리만 사용한다

주인 도요타 마타시게 씨에게 고등어 선별 조건에 대해 물었다. 주인의 대답은 간단했다.

"일본 각지에서 잡히는 고등어 중 최상의 고등어를 쓴다."

현재 사용하는 고등어 중에서 최고는 제주도와 대마도 사이에서 잡히는 것인데 자신의 가게에서는 제주도 서귀포산을 쓴다고 했다. 요즘도 와카사에서 고등어가 잡히기는 하지만 제주도 근해의 것이 가장 맛이 뛰어나며 30센티미터 전후의 것만 쓴단다. 통상 고등어는 40센티미터 정도까지 자라는데 30센티미터 정도일 때가 가장 맛이 좋다고 했다.

쌀은 반드시 씹어보고 구매 여부를 결정한다

사바스시에 사용하는 밥에 대해 물었다. 한국에서는 스시를 만들 때 통상적으로 햅쌀과 묵은 쌀을 8 대 2 정도로 섞어서 쓰는데 이 가게는 어떠냐고 물었다. 그가 답했다.

"똑같은 논에서 생산되는 쌀도 해마다 맛이 다르다. 강수일수, 일조량, 햇빛의 강도, 태풍의 횟수 등이 매년 같지 않기 때문이다. 따라서 8 대 2라는 방식은 맞지 않는다. 그때그때 쌀 도매상이 가져오는 쌀알을 씹어보고 거기에서 나오는 쌀의 맛, 향기, 수분의 정도 등을 판단한 후 햅쌀과 묵은 쌀의 배합을 측정하여 밥을 지어보고 생각한 맛과 같은지 최종적으로 결정한다."

400년 경력의 노하우는 미각이다. 쌀 맛을 볼 때는 쌀 도매상 주인과 함께 맛을 보는데 서로 쌀을 씹어보고 논의한다는 말도 덧붙였다. 이 말 속에는 무서운 의미가 숨어 있다. 쌀 도매상과 함께 맛을 보면서 자신의 가게에 딱 알맞은 좋은 쌀을 공급하지 않으면 언제든 거래를 중단할 수 있다는 저의가 있는 것이다. 따라서 쌀 도매상은 이요마타 사바스시의 맛을 정확하게 알고 거기에 맞는 쌀을 공급해야 한다.

고등어도 생선 도매상이 산지가 어디가 되었든 최상의 고등어만을 납품할 수 있도록 늘 각고의 노력을 해야 한다는 조건이 숨어 있

이요마타 사장 부부

다. 교토 상인을 가리켜 1,000년 상인이라고 한다. 실제로 교토에는 1,000년 이상 된 가게가 여럿이 있다. 그런데 그들이 1,000년을 이어 올 수 있었던 것은 함께 살아온 1,000년에 대한 의리가 아니다. 소비자에게 언제나 최상의 맛을 제공하지 못하면 거래는 하루아침에 중단될 수 있다는 무서운 질서가 숨어 있는 것이다.

가게 사장은 400년간 이어온 가문의 미각을 가지고 언제나 변하지 않는 맛을 고객에게 제공한다. 맛의 기준을 정확하게 파악하고 있고 그 맛을 언제나 100% 낼 수 있도록 온 힘을 쏟는다.

오직 한 가지 일을 밤이고 낮이고 연구한다

그에게 가훈이 무엇이냐고 물었다.

"밤이고 낮이고 연구." 그의 대답이었다. 골프를 치느냐고 물었더니 "안 한다. 할 시간이 없다."고 했다. 주인은 매일 아침 6시에 일어나 9시에 종업원들이 출근하기 전까지 장사 준비를 하고 자정이나 되어야 취침하기 때문에 시간을 낼 수가 없단다. 지난 400년간 한 가지 일을 해왔으니 돈 좀 벌어야 하지 않느냐고 물었더니 "이 가게 하나만 잘하면 된다"고 말했다.

철도 업체에서 운영하는 에키벤역 도시락에서도 납품 제의가 왔으나 도시락은 시간이 지남에 따라 맛이 달라지기 때문에 언제나 균일한 맛을 낼 수 없으므로 사양했다고 한다.

그러면서 그는 '무리하지 않는다'는 것이 신조라고 덧붙였다. 돈을 더 벌기 위해 가게를 늘리거나 납품하는 일을 하지 않겠다는 의미다. 과거의 목표도 지금 하고 있는 이 가게 하나만 제대로 운영하는 것이라고 했다. 장차 21대 주인이 될 그의 아들은 대학교 2학년생인데 집안의 가업을 더욱 잘하기 위해 대학에서 농학을 전공하고 있다고 한다.

다음 날 아침 6시. 새벽 취재를 위해 니시키 시장을 찾았을 때 이요마타 가게의 셔터문이 정확하게 6시에 올라가는 모습이 보였다.

"직인정신職人精神"

교토 사람들이 자주 쓰는 말이다. 우리로 치면 장인정신에 해당하는 말이다. 400년간을 이어온 장인정신을 일개 생선초밥집 주인인 도요타 사장에게서 볼 수 있었다. 교토 천 년 상인이라는 말은 괜히 나온 게 아니었다. 저 무서운 자기 절제에서만 가능한 것이다.

의리는 필요 없고 품질로만 거래한다

300년 오차가게 잇포도 차포

교토에는 오래된 차 가게가 많다. 우선 츠엔通圓이라는 차 가게가 1160년에 개업하여 약 900년 가까운 역사를 가지고 있다. 그다음으로 1626년에 리큐인一休園이 개업했고 세 번째로 1717년에 잇포도 차포一保堂 茶舗가 개업했다. 교토에서 '~정도 된다'는 것은 알려지지 않은 오래된 가게가 숨어 있어 어느 가게가 또 있는지 자기들도 잘 모르기 때문이다.

그 어디서도 맛볼 수 없는 깊고 장대한 맛을 낸다

잇포도 차포에 갔다. 2층으로 지어진 목조 가옥은 전통과 관록이 여실히 느껴진다. 문을 열고 들어가 우선 진열된 차 구경부터 했다. 차를 항아리 단지에 넣어 놓고 파는 점이 특이하다. 일본의 여러 오차가게를 다녀보았지만 이런 식으로 차를 파는 가게는 처음이었던 것 같다. 실내에는 흰 무명 수건을 머리에 쓰고 하얀 앞치마를 두른 여종업

잇포도 외경

원 네다섯 명이 근무 중이다. 점장을 찾아 고개를 숙이는 인사를 하고 용건을 설명했다.

일본에서는 한국과 달리 첫인사가 길다. "잘 부탁합니다"로 시작해서 용건을 얘기하면서 또 "잘 부탁합니다." 하고 인사를 하고 다시 설명을 마무리하면서 또 한 번 "잘 부탁합니다." 해야 한다. 일본은 첫인사가 매우 중요해서 자신을 최대한 낮추고 상대를 최대한 공경하는 자세로 말문을 열지 않으면 비즈니스에 실패한다.

점포장이 용건을 다 듣고 나서 담당자를 불렀다. 잇포도의 홍보팀장 아시카가 씨가 나왔다. 다시 아시카가 씨에게 용건을 설명하면서 "잘 부탁합니다"를 연발했다. 상대가 충분히 내 쪽의 용건을 이해했다고 판단되자 본론을 꺼냈다. "300년 된 가게의 실력을 보여주십시오." 우선 실력부터 확인해 보고 싶었다. 상대도 이쪽의 저의를 충분히 느끼고 있다.

"잠깐 기다려 주십시오."

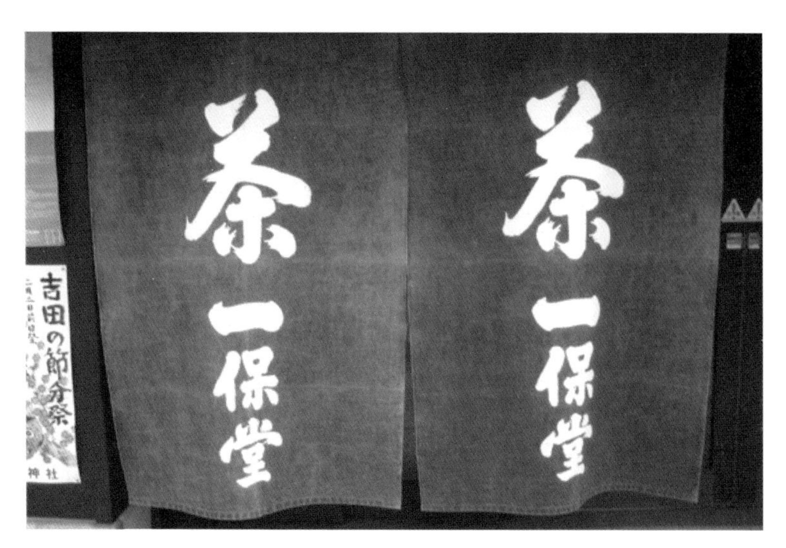

잇포도 노렌

아시카가 씨가 잠시 후 차 두 잔을 내왔다. 한 잔은 말차이고 한 잔은 녹차이다. 개인적으로 일본 말차를 좋아한다고 했더니 접대 차원에서 말차 한 잔 그리고 잇포도의 실력을 보여주기 위한 녹차 한 잔을 내온 것이다. 말차 한 잔을 마시고 입을 헹군 후 녹차를 조금 마셨다. 순간 녹차의 강력한 향에 머리가 핑 도는 듯했다. 다시 한 모금 더 마셨을 때는 쓰러질 것 같은 충격을 받았다.

'아니, 녹차에서 어떻게 이런 맛이 날 수 있단 말인가?'

중국에서는 10대 명차에 들어간다는 항주 근처의 룽징龍井에 가서도 차를 마셔보았으며 다성 센노리큐千利休가 만든 묘키안妙喜庵에서 다도를 배워보기도 했다. 그러나 어느 것에서도 이렇게 강력하고 깊고 장대한 맛을 느껴본 일이 없었다. 소주잔만 한 차 한 잔을 간신히 네 번에 나눠서 마시고 인터뷰를 시작했다.

잇포도 실내

내가 마신 차는 잇포도에서 파는 400종 차 중의 하나이다. 차의 이름은 덴카잇치天下一로 옥로玉露 차이고 한 단지의 가격은 3만 4,500엔(35만 원)이었다. 이 가게에서는 녹차를 흔한 종이 팩 포장에 담아 팔기도 하지만 고급 차의 경우는 모두 작은 항아리 단지에 넣어 판다. 항아리는 숨을 쉬기 때문에 습도 조절과 향 보존에 탁월하기 때문이라고 했다. 400여 종의 차가 맛과 향이 모두 다르며 잇포도는 교토 인근에서 생산되는 우지宇治 차만 전문적으로 판다.

차의 근본을 지킨다

1717년 오미近江 출신의 이뵤에伊兵衛가 차와 다기를 가지고 교토에 올라와 가게를 열면서 시작한 것이 잇포도의 출발이다. 오미상인이라면 일본의 개성상인으로 짜기로 유명하고 특히 남의 돈을 절대 빌리지 않는 무차입 경영으로 더욱 유명하다. 오늘날 도요타 자동차도 바로 오미상인의 후손들이 창업한 회사이다. 도요타 자동차 역시 빚은 한 푼도 없고 오히려 쌓아온 돈만 20조 엔에 이르는 무차입 경영으로 유명한 기업이다.

가게가 자리 잡은 데라마치寺町 길은 그 유명한 혼노지本能寺 근처에 있어 붙여진 이름이다. 혼노지는 오다 노부나가가 그의 심복인 아케치 미쓰히데에 의해 죽임을 당한 바로 그 절이다. 오다 노부나가가 죽고 얼마 안 있어 천하를 통일한 도요토미 히데요시는 데라마치 부근에 상가를 조성했는데 그 이후 잇포도도 문을 열었다고 한다. 가게 문을 처음 열 때 상호는 고향의 이름을 따서 오미야近江屋라 하였으나 1846년경 천황가의 친척인 야마시나노 미야가 차 맛을 보고 극찬하면서 잇포도라는 이름을 하사하여 상호가 바뀌게 된다.

잇포도는 '천하제일의 차 맛을 지키라' '차의 근본을 지키라'는 의미였다. 이후 잇포도는 차의 명가로 이름을 날리기 시작했으며 오늘날까지 교토에서는 유서 깊은 찻집으로서 그 명성을 유지하게 된다.

차는 생산지에 따라 확연히 다른 맛을 낸다

일본의 차는 동과 서가 확연히 다르다. 시즈오카가 일본의 동과 서를 나누는 분기점인데 일본 최고의 명차 산지로 불린다. 현재 일본 내 지역별 단위 생산량 최고의 지역은 단연 시즈오카이다. 일본 내에서 1만 톤 이상의 차를 생산하는 지방은 시즈오카와 규슈의 가고시마 두 곳뿐이다. 뒤를 이어 이세 차, 야마도 차, 우지 차, 우레시노 차, 야메 차 등이 유명하다. 이 차들은 생산지가 다른 만큼 차의 맛이 다르다. 특히 도쿄를 중심으로 한 간토 지방의 차와 교토를 중심으로 한 간사이 지방의 차 맛은 확연히 구분된다.

도쿄 사람들이 가장 즐겨 마시는 차인 시즈오카 차의 경우 우리나라 사람이 즐겨 마시는 녹차와 유사한 것으로 향이 부드럽고 기품 있는 데 반해 우지 차를 중심으로 한 간사이 차는 향이 강렬하며 깊고 장대한 특징이 있다. 그만큼 두 지역 사람들의 성격도 확연히 다르다. 도쿄 사람들이 부드럽고 섬세하며 이지적인 데 비해 간사이 지역 사람들은 강하고 선이 굵고 감정적이다.

철저히 유기농으로 생산되며 비료에 생선을 넣는다

"차향에 이렇게 강한 맛을 내기 위해서는 어떤 비법이 있는가?"

아시카가 씨는 "모든 차가 다 강한 것은 아니지만 덴카잇치의 경우 상품명 그대로 천하제일이 되기 위해 제조 단계에 특수한 비법이 있다"고 했다. 우지 차를 재배하는 단계부터 다르다. 덴카잇치는 철저히 유기농으로 생산되며 비료에 생선가루를 넣는다.

녹차를 생산하는데 생선가루를 넣는다는 말은 금시초문이어서 어떤 생선가루를 넣느냐고 물었더니 그건 절대 비밀이라며 말을 아꼈다. 다만 그녀가 입술이 잠시 움직일 때 입 모양을 보니 '니신'이라는 것 같았다. 니신은 청어를 말한다. 과거 일본에서는 홋카이도산 청어를 잡아 말린 후 그 가루를 채소밭에 뿌리는 전통이 있었다. 그러면 채소 향이 풍부해지고 영양가가 좋아지기 때문이다.

단골 없이 50여 개 거래처에서 최고 상품만 구매한다

녹차를 직접 차밭 농가로부터 납품받느냐고 물었다. 그러나 잇포도

잇포도 상품

는 농가와 직접 거래하지 않고 철저하게 도매상으로부터 납품을 받는다고 말했다. 도매상이 농가를 직접 관리하는 것이다.

우지 차를 전문적으로 거래하는 도매상은 교토 인근에 약 50여 개가 있다. 그들이 생산한 차를 가지고 오면 맛을 보고 품목별로 얼마나 구매할지를 결정한다고 했다. 300년 된 찻집이어서 특정 도매상하고만 거래할 거라고 짐작했는데 전혀 아니었다. 50여 개 도매상이 자신들이 심혈을 기울여 생산을 독려해서 골라 온 녹차를 가지고 오면 그 중에 가장 맛이 뛰어난 차를 품목별로 구매하는 것이다.

우지 차의 경우, 우지 시 한 곳에서만 생산되는 것이 아니라 인근 나라 현, 시즈오카 현, 오미 현 등의 산악 경계 지역에서 생산되는데 산지에 따라 조금씩 맛에 차이가 있다. 또 재배 농가의 재배 솜씨에 따라 또 맛이 달라지기 때문에 어느 한 재배 농가 혹은 특정 도매상하고만 거래한다는 것은 매우 위험하다고 말했다. 도매상이나 재배 농가들은 잇포도처럼 수매량이 많은 찻집에 좀 더 많은 제품을 납품하기 위해 최선의 노력을 다하고 있다는 뜻이다.

오직 제품 그 자체가 거래의 기준이다

잇포도에는 약 다섯 명의 차 맛 감정사들이 있다. 그들이 잇포도만의 미각 기준을 가지고 선별하고 있다. 이것이 잇포도만의 노하우다. 지난 300년간 자신들이 소비자에게 제공해온 맛의 기준이 있다. 그 맛에 합격해야 납품할 수 있다. 맛이 미달될 때는 언제고 도매상을 교체한다. 거기에는 신뢰 관계가 없으며 오랫동안 같이 거래해 왔다는 프리미엄도 없다. 오직 제품 그 자체가 거래의 기준이 되는 것이다. 무서운 관리 방법이 아닐 수 없다. 잇포도가 지난 300년간 망하지 않고 성장해온 비결이다.

현재의 사장은 와타나베 고시. 종업원 130명에 연간 매출은 28억 엔(약 300억 원)이다. 잇포도 가게를 나오는데 가게 중앙의 이마에 현액이 하나 걸려 있다.

'만고의 소나무 바람 소리, 한 봉에 담아 바친다.'

지난 300년간 세월의 무게가 담긴 글귀이자 차 맛에 자신감을 나타낸 한 줄의 시였다.

세계 '최고 품질'외 다른 상술은 없다

400년 먹가게 고바이엔

고바이엔古梅園을 향하면서 문득 화투장의 비광이 떠올랐다. 우산을 받쳐 든 한 남자의 발치에 개구리가 팔딱대고 있는 풍경이다. 그림 속에는 백제인의 후손이자 일본의 대 서예가 오노 도후小野道風의 일화가 담겨 있다.

젊은 날 오노 도후는 서예에 도통 진전이 없자 아예 서예를 때려치우기로 작심하고 집을 나섰다. 장마철이어서 우산을 쓰고 냇가를 걷고 있는데 냇물이 엄청나게 불어나 있었다. 냇물 속엔 개구리 한 마리가 팔짝거리면서 안간힘을 쓰고 있었다. 오노 도후가 가만히 보니 개구리는 급류에 휩쓸려 가지 않기 위해 버드나무 둥치로 올라가려고 안간힘을 쓰고 있었던 것이다.

냇물은 쏜살같이 빠른데도 개구리는 필사적으로 급류와 맞서 싸우면서 온 힘을 다해 버드나무 둥치를 향해 뛰었다. 그러나 비에 젖은 버드나무 둥치가 너무 미끄러워 개구리는 번번이 나무둥치에서 미끄러졌다. 그래도 개구리는 포기하지 않고 사력을 다해 뛰고 또 뛰었다. 그리고 마침내 버드나무 둥치에 올라가 자신의 목숨을 부지했다. 그 광경을 지켜보던 오노 도후는 하물며 미물인 개구리도 자신의 목표를 향해 저렇게 필사적으로 노력하는데 인간인 자신이 인제 와서 서예를 포기하려 했던 것이 몹시 부끄러워졌다. 그는 그 길로 다시 집으로 돌아가 붓을 잡았다. 훗날 그는 당대의 대 서예가가 되어 일본 2,000년 역사에 3대 서예가로 꼽히게 된다.

수백 년이 지나도 지워지지 않는 먹을 만든다

오전 11시 데라마치 거리에 있는 고바이엔의 나무로 된 문을 열고 들어섰다. 실내에는 묵향이 은은한데 손님은 없고 점원 두 사람이 손님을 맞았다. 진열된 먹, 붓, 벼루 등 문방사우를 살펴보니 마음이 평화로워졌다. 세계 최고의 먹 가게답게 먹의 종류가 다양하다. 고바이엔 먹은 크게 20종류로 나뉜다.

우선 칠먹. 소나무 송진을 태워 그 그을음으로 만든 먹이다. 입자가 가장 고운 먹으로 최상급 품이다. 이 먹은 아주 검은 색이라기보다 담색 계통의 색깔을 낸다. 칠먹의 종류는 죽림칠현 등 20여 종에 이르고 가격도 비싼 것은 한 개에 11만 엔(약 120만 원) 정도 한다. 둘째는 극상유연먹으로 역시 송진을 태워 만든 제품이다. 극상금송학 등 10여 종이 있다. 가격은 극상금송학이 개당 4만 엔(44만 원)으로 가장 비싸다.

셋째는 홍화 먹으로 소나무 송진을 태워 그을음으로 만들었다. 이 먹은 붉은색이다. 모두 29종을 팔고 있는데 성연홍화가 2만 엔으로 가장 비싸다. 넷째는 호마유연먹으로 참깨를 태워 만든 것이다. 약간

흐린 검은색을 낸다. 네 종류가 있는데 현금이라는 먹이 개당 5만 엔으로 가장 비싸다. 다섯째는 춘유연먹으로 동백기름으로 만든 먹이다. 3종류를 팔고 있고 가격은 최상품이 개당 4만 엔이다.

여섯째는 동유연먹으로 오동나무 열매 기름을 태워 만든 먹이다. 2종류가 있고 개당 5만 엔짜리가 가장 비싸다. 일곱째는 홍화먹으로 홍화 꽃잎에서 추출한 기름으로 만든 먹이다. 개당 1만 5,000엔짜리가 최상품이다. 이들 제품은 모두 한문 혹은 일본어인 히라가나를 쓰기에 적당한 최상품들이다. 그리고 기타 히라가나용 제품이 10여 종 있고 가격도 학생용으로 1만 엔 대 이하 비교적 싼 제품들이다.

'시와 글을 스스로 즐겨라.'

먹 구경을 한참 하고 났는데 코앞의 기둥 위 현액 글씨가 눈에 들어왔다. 점장인 가노加納 씨에게 물어보니 옛날 도다이지東大寺의 2~3대 주지를 역임한 시미즈 고쇼清水公照 스님의 글귀란다. 도다이지는 나라 시에 있는 일본 최대의 사찰로 대불의 손바닥에 열세 명이 앉을 수 있을 정도로 크기가 일본 제일이다. 유서 깊은 노포이다 보니 걸어놓은 현액 또한 예사롭지 않다.

서예를 하는 사람들에게 '고바이엔의 먹'은 최상의 품질로 익히 알려져 있다. 좋은 먹이란 종이에 글씨를 썼을 때 그 글씨가 수백 년이 지나도 지워지지 않을 뿐 아니라 입자가 고와 잘 갈리며 몇 년이 지나도 부패하지 않는다. 바로 고바이엔의 먹이 그러하다. 고바이엔은 본점이 나라 시에 있다.

1577년 중국 한나라 때 유미산이라는 산에서 소나무를 태운 그을음을 받아 뭉쳐서 먹을 만든 것이 시작이었다. 그러다가 먹은 한반도

고바이엔 외경

를 거쳐 고구려 때 일본에 진출하였다. 고구려의 스님 담징이 610년 일본에 건너가 나라 지방에 먹의 제조법을 전해 준 것이 그 시작이다. 담징은 나라 호류지法隆寺의 「금당벽화」를 그린 스님으로 유명하다. 그 후 일본에 전해진 먹은 나라 지방을 중심으로 오사카, 오미, 교토 등 간사이 지방은 물론 멀리 후쿠오카의 다자이 후 시코쿠 지방에까지 퍼져 나갔다.

1400년 나라 지방에 고후쿠지興福寺라는 거찰이 세워지면서 나라 지방에서 생산된 먹이 쓰였고 나라 고바이엔도 그 연장 선상에서 창업한 것으로 되어 있다. 이것은 고바이엔에서 배포한 자료에 따른 것이고 일본의 고대사에 능통한 학자들의 견해는 조금 다르다. 고바이엔의 먹이 역사에 처음 등장한 것은 748년이다. 일본 최대의 사찰인

고바이엔 실내

도다이지東大寺가 처음 세워지면서 대불의 눈에 눈동자를 찍을 때 '화룡점정'에 처음 쓰였다는 주장이다. 고바이엔 측에서는 이 내용에 대해 워낙 오래전 일이라 기록도 없고 구전도 없어 잘 모르는 일이라고 한다. 하지만 학자들은 객관적 사실로 인정하고 있다. 고바이엔이 기록상에 나타난 것은 1577년에 마쓰이 도진松井道眞이라는 사람이 처음 가게 문을 열면서부터이다.

일본 서예가가 인정하는 최고의 품질을 만든다

1577년 고바이엔의 1대 조상은 일본에서 최초로 가장 양질의 먹을 생산하여 조정에 헌납하면서 토좌연土佐掾이라는 벼슬을 받아 국가에

고바이엔 상품

먹을 납품하는 최초의 어용상인*이 됐다는 기록이 있다. 이후 2대인 마쓰이 도게이松井道慶 때 처음으로 고바이엔이라는 상호를 쓰기 시작했다. 그의 집에 오래된 매화나무가 한 그루 서 있었는데 그의 집에 놀러 온 시인과 묵객들이 오래된 매화나무에 핀 꽃을 감상하다가 '고바이엔'이라는 이름을 붙이면서 시작되었다고 한다.

이어 3대 마쓰이 도슈松井道壽는 도쿠가와 바쿠후에 먹을 공급하는 어용상인으로 도쿄에 머물면서 바쿠후를 비롯한 제후들에게 먹을 납품했다. 4대 마쓰이 도에스松井道悅, 5대 마쓰이 모노토리松井元規도 같은 일을 계속하면서 한편으로는 먹을 생산하고 판매도 함께했다. 6대인 마쓰이 갠타이지松井元泰는 1739년 바쿠후의 허가를 받아 규슈의 나

---

* 일본 천황가에서는 궁내에서 사용할 모든 물건을 납품하는 상인이 따로 있다. 이른바 어용상인이다. 이들은 일본 내에서는 상인으로서 최고의 지위를 가진다. 품질로서 당대 최고임을 인정받았기 때문이다.

가사키로 내려간다. 거기에서 청나라에서 건너온 정단목程丹木과 왕군기王君奇 등의 시인 묵객들과 교류하면서 청나라에서 먹을 만드는 법을 새로 배우게 된다. 이것이 일본에서 근대적인 먹이 재탄생하게 된 배경이다. 그들은 먹 제조법 외에도 글씨, 그림, 대화록 등을 남겼는데 『고매원 묵담』『묵화』『고매원 묵보』(전4권) 등이다. 그리고 먹을 제조하는 모습을 그림으로 남겨 후세에 중요한 참고 자료가 되고 있다.

7대인 마쓰이 갠키松井元彙는 아버지의 명을 받아 홍화먹을 일본 최초로 만들어낸다. 홍화란 국화과에 속하는 1년생 식물로 엉겅퀴처럼 생겼고 노란색 꽃이 핀다. 뼈를 다쳤을 때 먹는 홍화씨가 바로 그 꽃의 열매이다. 홍화 열매는 어혈이 들었을 때 달여 먹기도 하지만 그을음을 받아서 먹을 만드는 데도 쓴다.

마쓰이 갠키는 새로운 먹을 만드는 데 관심이 많이 홍화 먹 외에도 신선 먹을 비롯하여 죽림칠현, 음중팔선, 현지우현 등 오늘날에도 그대로 제조되는 신품종의 먹을 만들어냈다. 이때부터 고바이엔의 먹은 그 이름을 떨치면서 '먹=고바이엔'이라는 등식으로 사람들 입에 오르내리게 된다. 이후 세월이 흘러 1868년 일본에 메이지 유신이 되면서 모든 백성이 평등해지고 과거의 관직이 폐지되었지만 고바이엔은 여전히 구나이쇼宮內省의 어용상인으로 지정되었다. 그만큼 품질로 인정받았기 때문이다.

11대 마쓰이 갠순松井元淳의 시대에 들어서는 그 자신이 나라 시의 명예 시장이 되면서 회사 내 영업 조직을 갖추기 시작했다. 12대 마쓰이 데이타로松井貞太郎는 정계에 진출하여 일본의 국회의원인 중위원이 되고 아버지에 이어 나라 시의 명예 시장을 역임했다. 13대는 제2차 세계대전을 맞아 가게가 망할 위기에 빠진 것을 살리는 데 애를 썼다. 14대 마쓰이 모토나가松井元祥는 지난 1985년 사장에 취임하여 한때 제조법이 단절된 송연 먹을 새로 개발한 채 연 방법으로 재현하여 성공시켰다. 현재는 15대 마쓰이 슌지松井純次 사장이 가게를 이끌어 나가고 있다.

한결같은 품질과 전통을 이어간다

고바이엔의 먹을 만드는 비법이 무엇인지는 알려지지 않았다. 다만 먹과 아교와 물의 배합 비율에 비밀이 있고 백제 시대 때의 제조 원칙을 바탕으로 현대적인 노하우를 가미한다는 정도만 알려져 있다. 교토의 고바이엔은 지점이다. 본점은 나라시 쓰바키 마치에 있고 공장도 함께 있다. 교토 고바이엔 근무자는 영업사원 다섯 명이 전부이고 본점에는 기술자를 포함하여 20인 정도가 근무하고 있다.

고바이엔의 상술은 단 하나 '세계 최고의 품질'을 추구하는 것이다. 일본에서 먹 가게로 가장 오래되었기 때문에 교토나 나라 지방에 관광 온 관광객들이 기념으로 하나씩 사 가거나 서예의 대가들이 늘 고정적으로 주문해서 쓴다. 이따금 학교나 서예 단체에서 대량 주문이 오기도 하는데 대개 미리 정해져 있다고 한다.

'언제나 좋은 품질. 옛것이 늘 새롭다溫故以知新.'

사훈이다. 이런 마음으로 한결같이 좋은 제품을 만든다. 가업 400년의 고바이엔은 한결같은 품질과 전통으로 오늘날에도 꾸준히 일본 소비자들의 사랑을 받고 있다.

나쁜 물건을 파느니 문을 닫아라

360년 양념가게 시치미야

교토에는 해마다 약 5,700만 명의 관광객이 들이닥친다. 관광객이 반드시 가는 명소 중에 기요미즈데라淸水寺가 있다. 기요미즈데라는 778년에 창건한 유서 깊은 절이다. 이 절에 오르면 교토 시내가 한눈에 내려다보인다. 기요미즈데라에는 한국인도 잘 아는 니넨판 산넨판* 등의 작은 언덕길이 있다. 이 언덕길 주변에는 수백 년 된 부채가게, 떡가게, 반찬 가게 등이 모여 노포 거리를 형성하고 있다. 바로 이 언덕길의 중심 모퉁이에 시치미야七味屋라는 양념가게가 있다. 1655년에 개업한 노포老鋪**이다.

시치미야는 이름 그대로 일곱 가지의 양념을 파는 가게이다. 오늘날 일본에서는 양념을 파는 가게 중에서 최고로 친다. 시치미야에 들

---

* 2년판 3년판, 한 번 넘어지면 2년이나 3년밖에 못 산다는 언덕길.

** 시니세라고 한다. 일본에서 대대로 격식과 신용이 이어져온 점포.

어서니 관광 비수기인 2월인데도 손님들의 발길이 끊이질 않았다. 가게 한쪽에 앉으니 여종업원이 차를 한 잔 내왔다. 교토는 예로부터 녹차가 유명하므로 당연히 녹차를 내온 걸로 생각했는데 한 모금 마셔보니 아니었다. 고춧가루, 산초, 참깻가루 등 일곱 가지 양념으로 만든 양념 차였다. 약간 매콤했으나 그런대로 맛있었고 발상이 일본의 관록 있는 노포다웠다.

잠시 후 가게 점장이자 시치미야의 부사장인 후쿠시마 요시노리 씨가 나왔다. 자신은 시치미야의 부사장으로 15대째이며 부친이 사장으로 있다고 했다. 손님이 많다고 했더니 2월의 경우 하루에 약 1,000명 정도의 관광객이 들이닥치는데 고객은 일본인뿐만 아니라 중국인, 대만인, 홍콩인 외에 한국인도 많다고 한다. 아닌 게 아니라 손님 중에 한국 아줌마들의 시끌벅적한 목소리도 들린다.

한방약인 고춧가루로 차를 만들어라

일본인도 음식 맛을 내기 위해 양념을 쓴다. 재료에는 고춧가루, 참깨, 흑깨, 후추, 산초, 차조기 잎, 생강, 고추냉이, 겨자 등이 있다. 본래 일곱 가지 양념은 빨간 고추, 생강, 진피, 산초, 검은 깨, 차조기, 대마 열매 등이었다. 요즘은 일곱 가지의 양념에 몇 가지 더 늘어났지만 그래도 그 일곱 가지가 일본 양념의 기본이 된다.

그중에서 으뜸은 고춧가루이다. 일본인은 고춧가루를 안 먹는 것으로 알려져 있지만 사실은 다르다. 일본에도 우동이나 메밀국수 등을 먹을 때 고춧가루를 뿌려서 먹는 사람이 많다. 일본의 고춧가루와 한국의 고춧가루는 맛이 다르다. 본래 고추는 한국이나 일본의 토종 음식 재료가 아니었다. 일본에서는 고춧가루를 토가라시唐辛子라고 부른다. 당나라에서 전래된 매운 씨앗이라는 뜻이다. 그러나 고추는 당나라에서 들어온 것이 아니라 원산지인 멕시코에서 유럽을 통해 다시 동남아를 거쳐 일본에 들어왔다.

이렇게 일본에 들어온 고추는 임진왜란 때 조선으로 건너왔다. 일본군 병사들이 가지고 들어온 고추 씨앗을 한국에서 재배하기 시작하면서부터 고춧가루가 한국의 음식재료로 사용되었다. 임진왜란 이전 한국의 김치는 지금처럼 고춧가루가 듬뿍 들어간 시뻘건 김치가 아니었다. 임진왜란 이전에는 고춧가루가 없었으므로 백김치를 만들어 먹었다. 아이러니하게도 일본에서는 우리가 먹는 것과 같은 고춧가루가 완전히 사라지고 말았지만 대신 일본식 고춧가루가 있다.

시치미토가라시七味唐辛子가 처음 탄생한 곳은 교토가 아니라 도쿄였다. 1626년 도쿄 아사쿠사에 있는 야겐보리藥研堀라는 가게에서 처음으로 고춧가루를 비롯한 일곱 가지의 매운 양념을 팔기 시작했다. 야겐보리라는 가게 이름은 야겐보리藥研堀라는 동네 이름에서 유래한 것이다. 에도시대 도쿄 아사쿠사에 있는 야겐보리라는 지역에는 한방약을 판매하는 가게가 많이 있었다. 그 한방약은 한약이 아니라 일곱 가지의 양념이었다. 일곱 가지의 양념이 처음에는 음식이 아니라 한방약의 일종으로 판매되었던 것이다.

고추에 함유된 캡사이신은 아드레날린 분비를 촉진하고 몸속의 지방성분을 태우며 혈액 속의 중성 지방 수치를 떨어뜨리는 효능이 있다. 그래서 최근 일본의 젊은 여성들 사이에 고추 다이어트가 나오기도 했다. 캡사이신에는 고열이 났을 때 오한을 치유하는 효능도 있다.

시치미야 외경

땀을 냄으로써 열을 없애는 작용을 하는 것이다. 에도시대에는 이러한 과학적 근거를 잘 몰랐지만 그래도 사람들 사이에는 감기를 쫓는 효과가 있어 고추를 먹는 풍습이 있었다. 고추는 의식동원醫食同源, 즉 다시 말해 약과 음식이 한 뿌리였던 식품이자 약이었다.

도쿄에서 야겐보리가 한창 그 명성을 날릴 때인 1655년에 교토의 기요미즈데라 앞에 시치미야가 들어섰다.

최상의 품질이 아니면 받지 않는다

시치미야는 가와치야河內屋라는 이름으로 가게 문을 열어 오차가게를 운영하다가 이름을 바꿨다. 당시 시치미야가 팔던 차는 녹차가 아

시치미야 실내

니라 고춧가루를 넣어 만든 매운 차였다. 그때나 지금이나 시치미야 바로 위에 있는 기요미즈데라는 1년 내내 참배객이나 수행자 혹은 스님 등으로 붐볐다. 기요미즈데라의 참배객들은 먼 거리를 걸어왔으므로 당연히 지칠 대로 지쳐 있었다. 그들에게 일곱 가지의 양념을 넣은 가라시유辛子湯라는 차를 만들어 판 것이다. 몸이 피곤할 때 녹차에 고춧가루를 풀어서 마시자 사람들은 이마에 땀이 솟고 힘이 불끈 솟는 듯한 기분을 느꼈다.

도쿄의 야겐보리가 좀 더 맵고 맛이 진한 가라시유를 파는 데 비해 교토의 시치미야는 살짝 매운맛이 나는 담백한 차를 만들어 팔았다. 고춧가루 차가 잘 팔리자 후추 등 양념도 팔기 시작했다. 후추는 기요미즈데라에서 수도하는 스님들이 병을 치료하기 위해 밥과 함께 먹었던 식료품이었다. 후추가 심장병 치료의 특효약이기 때문이다. 훗날 도쿄의 야겐보리는 칠미 양념을 한약재로 바꾸고 약재상이 되어 오늘날까지 영업하고 있다.

시치미야 상품

반면 교토의 시치미야는 신자탕莘子湯에서 한 걸음 더 나아가 오사카와 교토를 대표하는 관서지방의 요리에 자신들이 만든 일곱 가지 양념이 들어가게 함으로써 수요가 폭발적으로 증가했다. 사람들이 시치미야의 양념을 음식에 넣었던 것은 더욱 맛있어졌기 때문이다. 1655년 이후 350년간 살아남을 수 있게 된 것은 남다른 노력 때문이다.

시치미야는 교토 인근에 직영 농장을 가지고 있다. 그러나 작은 농장만을 가지고는 일곱 가지 양념의 공급이 어려웠다. 더구나 몇 년 전부터 최근 교토 지방의 땅값이 상승하면서 양념 재배 농가들이 속속 문을 닫자 새로운 공급처를 찾아야 했다. 고추는 일본 중북부 내륙 지방인 후쿠이 현의 농가와 계약 재배를 하고 있고 후추와 검은깨는 아예 원산지인 브라질과 계약을 맺어 공급받고 있다. 시치미야의 계약 원칙은 단 하나이다.

'최상의 품질이 아니면 받지 않는다.'

시치미야 부사장

그러나 시치미야가 일방적으로 재배 농가에 기대는 것은 아니다. 자신도 스스로 끊임없이 좋은 종자를 찾아내어 그걸 개량해서 농가에 보급한다. 그리고 양념 본래의 맛을 내기 위해 첨가물은 일절 사용하지 않는다. 1970년에 태풍이 와서 직영 농장의 양념 작황이 좋지 않자 고객에게 나쁜 물건을 팔 수 없다고 4개월간 문을 닫은 적도 있다. 시치미야는 지난 360년간 3번이나 가게 문을 닫은 적이 있다. 모든 양념 작황이 좋지 않아 나쁜 물건을 손님에게 팔 수 없었기 때문이다.

"나쁜 물건을 파느니 가게 문을 닫겠다." "우리 가게를 한 번 찾아주신 손님과는 앞으로 100년간 거래하겠다."

후쿠시마 요시노리 사장의 말이다. 시치미야의 목숨을 걸고 좋은 품질의 양념을 판매하여 최소한 앞으로 100년간은 실망시켜 드리지 않겠다는 각오이다. 과연 360년 노포 시치미야의 고객에 대한 신용을 말해 준다.

손님이 사서 기쁜 상품을 만들어라

현재 시치미야의 양념은 일본인이 많이 먹는 채소 반찬, 우동, 메밀국수 등에 사용되고 있으나 최근에는 스파게티와 카레에도 사용될 수 있도록 레스토랑 등에 납품하고 있다. 또 최근 유행하는 퓨전 요리에도 시치미야 양념을 사용하도록 마케팅에 힘쓰고 있다. 새로운 분야에 도전하고 있다.

1655년 시치미야가 처음 문을 열었을 때는 고춧가루 오차로 시작했다. 하지만 그 후 고춧가루 판매를 지나 점차 양념의 가짓수를 늘려 일곱 가지가 되었고 오늘날에는 10여 가지의 양념을 만들고 판매하면서 날로 변화를 꾀했다. 그처럼 또다시 새로운 변화를 모색하고 있는 것이다.

"과거에는 기요미즈데라를 찾은 관광객들이 부채와 같은 공예품, 화과자, 채소 반찬 등 위주로 선물을 샀습니다. 그런데 이제 관광객들은 시치미야의 양념 세트를 사 가지고 갑니다. 선물용 세트의 개발이 가져온 효과입니다."

후쿠노리 부사장의 말이다. 현재 시치미야 고객의 40%는 관광객이다.

또 하나의 새로운 시도는 인터넷 판매이다. 인터넷 판매는 하루 방문객 수가 1만 4,000건이 넘을 정도로 전국적으로 주문이 쇄도하고 있다. 시치미야는 매상이 늘어나는 것을 기뻐하고 있지만 한편으로는 좀 더 연구에 연구를 거듭해야 한다는 필요성을 통감하고 있다고 한다. 관광객들의 니즈를 맞춰주기 위한 세트 상품의 개발과 단가를 낮추는 문제를 고심하고 있는 것이다.

'어떻게 하면 손님이 기뻐할 것인가를 생각하여 행동으로 옮겨라.'

시치미야의 사훈 중의 하나이다. '손님이 사서 기쁜 상품, 사서 행복한 상품을 만들라'는 것이다. 오늘날 시치미야는 기요미즈데라 앞의 본점과 후시미 구에 공장을 가지고 있다. 제1공장은 포장하기 전의 재료를 쌓아두는 곳이고 제2공장은 가공과 포장을 하는 곳이다. 현재 시치미야는 15대째이다. 종업원은 공장을 포함하여 22명이며 360년의 역사에도 주식회사가 아닌 단순한 개인 가게이다.

유언이 "옛맛을 그대로 지켜라"이다

334년 떡가게 사와야

교토를 대표하는 매화 명소 기타노 텐만구北野 天滿宮. 백제 왕인王仁 박사의 후손이자 학문의 신으로 칭송받는 스가하라 미치자네菅原道眞를 모신 곳이다. 스가하라 미치자네는 학문의 신으로 추앙받기 때문에 정월 초하루부터 사흘간 일본의 대입 수험생과 그 부모들이 전국에서 약 50만 명이나 들이닥쳐 인산인해를 이룬다.

바로 그 텐만구 정문 앞에 밤떡으로 유명한 사와야 떡가게가 있다. 사와야 떡가게는 1682년 에도시대부터 텐만구에 참배를 오는 고객을 상대로 떡을 팔았다. 당시 1대 조상이 거북 소나무 아래에 가게를 연 것이 시초이고 그 뒤로 334년간을 그 자리에서 밤떡을 팔아왔다. 이 가게는 50년 전에 발간된 하이쿠 작법서인 『모취초毛吹草』에 일본 내의 명물 소개에 등장하기도 했다. 고풍스러운 분위기가 감도는 가게는 불과 10여 평밖에 안 된다. 실내엔 떡을 찌는 나무통 3개가 걸려 있다. 네 개의 테이블에 10명 정도만 간신히 앉을 수 있을 정도로 좁다. 1인분은 밤떡 세 개에 인절미 두 개로 총 다섯 개다. 양이 좀 많지 않은가 생각됐지만 실제로 먹어보니 많지 않았다.

"처음에 오시는 손님들은 1인분 치고는 좀 많다고 생각하시지만 결국 전부 다 드십니다."

주인장의 말이다. 하루에 떡을 만드는 양은 400~500인분 정도란다. 현재 12대째이다. 현재의 주인인 모리후지 요하치로 씨는 1922년생으로 16세 때 사사야笹屋라는 가게에 들어가 남의집살이를 3년간 해본 후 1941년경에 가업을 잇기 위해 돌아왔다. 그러나 바로 그 해에 제2차 세계대전이 터지면서 영업이 중단된다.

결국 전쟁이 끝나고 25세인 1947년에 그는 아무것도 없는 상태에서 다시 가게를 일으켰다. 밤과 찹쌀의 재료 조달이 조금씩 가능해지면서 하루에 10인분의 밤떡이나마 팔게 된 것이다.

갓 쪄내어 살아 있는 맛을 낸다

그 뒤로 경기가 풀리면서 영업은 정상화되었다. 밤떡은 쌀에 밤을 넣어 만든 떡에 팥을 넣고 가마솥에 쪄낸 것이다. 미리 떡을 만들어놓았다가 파는 것이 아니라 주문과 동시에 떡을 쪄서 판다. 그만큼 맛이 살아 있다.

"떡은 갓 쪄냈을 때가 가장 맛있다."

주인의 말이다. 재료로 쓰이는 밤은 도매상으로부터 공급받는데 산지는 규슈 혹은 시코쿠이다. 사와야 밤떡은 다섯 개에 510엔이고 말차를 추가하면 700엔이다. 포장은 50개까지이다. 매월 25일 기타노 텐만구의 천신天神의 날에는 손님이 구름같이 몰려들어 문전성시를 이룬다. 그런 때도 언제나 균일한 맛을 보장하기 때문에 무려 330년 넘게 이어올 수 있었다. 또한 멀리서 온 손님의 부탁이라고 해도 지방 배송은 원칙적으로 하지 않는다. 떡 맛이 달라지기 때문이다. 자신의 떡에 대한 신조는 '살아 있는 떡'이다. 앞서 말한 것처럼 갓 만들었을 때가 가장 맛이 좋기 때문이다.

옛맛을 그대로 지킨다

최근에는 재배 농가가 줄어들어서 원료로 쓰는 밤의 확보가 날로 어려워지고 있다. 떡에 들어가는 쌀은 기계로 반죽하지만 밤은 모두 수작업으로 으깬다. 밤의 공급지는 교토 인근의 시가 현이었지만 최근에는 교토 인근이 주택지로 개발됨에 따라 큐슈와 시코쿠의 농가로부터 납품받고 있다. 예부터 이 떡은 서민의 떡이라고 불리어 왔다. 오늘날 사와야 떡가게는 사장 혼자 직접 떡을 만들고 판매도 하고 있다. 그는 그 일을 평생 해왔다.

천신의 날은 천신에서 차례를 지내는 날이기 때문에 사람들이 덴만구에 참배하러 왔다가 사와야 밤떡가게에 들르기 때문에 다른 날보다는 손님이 많다. 이때만큼은 주인장 혼자서 떡을 다 만들 수가 없어 아내나 친척 서너 명이 와서 거들기도 한다. 주인은 그날 밤떡 맛을 지키는 일이 가장 힘들다고 한다. 그러나 그런 세월을 살아온 지 어느덧 60년. 그는 인터뷰 직후 세상을 떠났다. 자손들에게 그가 남긴 유언은 "옛맛을 그대로 지켜라"이다.

예술품을 만들 듯 혼을 다 바쳐 만든다

140년 빗가게 쥬산야

요즘 일본 여성들은 나무 빗을 많이 쓴다. 핸드백 속에는 아기 손바닥만 한 나무 빗이 하나쯤 들어 있다. 나무 빗은 예술품에 가까울 정도로 디자인이 아름다워서 마치 액세서리처럼 가지고 다닌다. 빗가게 쥬산야十三屋는 바로 그 아름다운 빗을 만들어 파는 가게로 유명하다. 가게 이름이 '13'이 된 것은 빗의 일본어인 '구시'가 '9' + '4'를 의미하므로 더하면 13이 되기 때문이다.

이 점포는 저녁에 가면 퇴근하다가 들른 젊은 여성들로 만원이다. 관광 온 여성들이 '빗의 예술'인 이 가게에 들러 자기가 쓸 빗과 선물할 빗을 사는 광경을 언제나 볼 수 있다. 이 가게의 점포는 4평이 채 안 될 정도로 작지만 1,000종이 넘는 다양한 빗을 갖춰놓고 한 달 매출만도 1억 원이 훌쩍 넘어간다.

쥬산야가 문을 연 것은 1875년이다. 1대 조상인 치산키치治三吉는 오사카 근처 기시와다시의 사무라이였는데 메이지 유신으로 사민평

쥬산야 현판

등이 되면서 먹고살 길이 없어지자 교토에 올라와 빗가게를 시작했다. 그 후 4대째인 미치카즈道和에 이어지기까지 약 100년간을 정진했고 그 결과 한때는 일본 천황가에 빗을 납품하는 어용상점으로 선정되었다.

예술품을 만들 듯 아름답고 섬세하다

"플라스틱 빗은 머릿결을 손상시키지만 버드나무 빗은 머릿결을 보호합니다."

빗가게 쥬산야의 5대 주인 다케우치 신이치의 말이다. 실제로 현미경을 가지고 플라스틱 빗과 버드나무 빗을 들여다보면 플라스틱 빗의 살이 매우 거친 것을 볼 수 있다고 한다. 반면 버드나무는 타고난 결이 있어서 다듬으면 여자의 속살처럼 부드러워 머리카락에 손상을 주지 않을 뿐만 아니라 천연 재료여서 오히려 머릿결을 보호해 준다는 것이다. 가게에서 파는 수백 종의 빗 제품은 대부분 버드나무와 회양목 등 나무로 만들어진 것들이다. 나무 빗은 빗을 때 정전기가 일어나지 않고 맨 살갗에 닿아도 상처를 내지 않는 특징이 있다.

빗은 1000년 전부터 사용했는데 전성기는 메이지 시대였다. 그 시절에 일본인들은 가부키 극장에 가서 구경하는 것을 좋아했다. "도쿄 사람은 보다가 망하고 교토 사람들은 입다가 망한다"는 말이 있을 정도로 도쿄 사람들은 가부키 구경을 좋아했다. 교토 사람들은 옷을 차려입고 치장한 후 외출하는 것을 좋아해서 머리치장에도 많은 돈을 들였다. 그러나 교토에서 치장하는 데 가장 돈을 많이 쓰는 여성들은 가부키 극장의 여배우와 게이샤들이었다.

가부키에 등장하는 여배우들은 자신들의 치장을 위해서는 돈을 아끼지 않았으므로 빗도 최고급을 썼다. 여배우들은 무대에 서야 하므로 당연히 치장하는 데 신경 썼고 또 외출할 때도 요즘의 탤런트처럼 외모에 신경을 많이 쓸 수밖에 없었다. 바로 그 시절에 빗가게는 가부키 극장의 관람석 뒤에 쥬산야가 있었다. 가부키에 등장하는 여배우들이 머리를 다듬기 위해서 각종 빗을 많이 샀기 때문이고, 또 가부키를 보러 온 관객들도 빗을 사 가지고 가기도 했다.

화류계가 번성하던 옛날에는 게이샤들이 연회장에 나가기 위해 몸치장을 많이 했다. 과거 30년 전만 해도 교토에 6,000~7,000명의 게이샤들이 있었다. 메이지 시대에는 그보다 수가 더 많았다고 한다. 그녀들도 머리를 다듬는 데 공을 많이 들였다. 윗머리를 다듬고 귀밑머

쥬산야 실내

리까지 다듬은 후 그 위에 게이샤용 여성 가발을 썼다. 가발은 가발 전문가가 매일 손질을 해놓았다가 게이샤에게 씌워주지만 씌워주고 나서도 게이샤의 머리에 맞게 또 빗으로 손질해주어야 해서 시간이 오래 걸렸다. 이들도 당연히 빗을 많이 사용하는 고객들이었다. 더구나 그들은 고관대작들의 연회에 많이 나가기 때문에 빗도 최고급의 것을 썼다. 바로 이들이 쥬산야의 주요 고객들이었다.

옛날이나 요즘이나 일본에서는 갸름한 얼굴에 버드나무처럼 가늘고 늘씬한 허리에 멋진 헤어스타일을 가진 여인을 최고의 미인으로 쳤다. 미인이 되고 싶은 여인들에게 머리 손질은 당연한 일이었다. 젊은 여인들은 머리카락을 높게 들어 올리는 게 관습이었고 중년 여인은 정수리에 머리카락을 모은 후 좌우로 갈라 반원형으로 틀어올렸

쥬산야 사장

다. 또 16~17세의 처녀들은 머리를 좌우로 갈라 고리를 만들어 뒤통수에 붙이고 살짝 부풀리는 것이 유행이었다. 여기에 각자 개성에 맞는 쪽 찐 머리 등 머리 모양이 다양하다 보니 모든 여성의 필수품 중의 하나가 빗이었다.

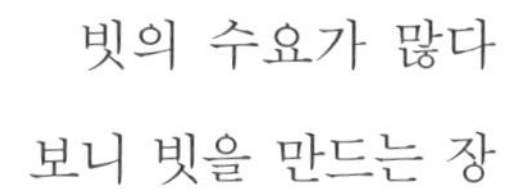

빗의 수요가 많다 보니 빗을 만드는 장인들도 그러한 여성 소비자들의 요구에 맞추어 품질도 좋지만 디자인도 뛰어난 제품을 만들었다. 요즘도 일본에서 팔고 있는 나무 빗은 빗이 아니라 하나의 예술품으로 보일 정도로 디자인이 아름답고 섬세하다. 나무 빗을 만드는 나무는 회양목이다. 회양목은 일본에서는 황장목이라고 한다. 그 이유는 나무 색깔이 담황색을 띠고 있기 때문이다. 회양목은 일본의 남부 지방에서 잘 자란다. 나무의 재질이 치밀하여 단단한 것이 특징이어서 빗, 도장, 장기알 등을 만드는 데 많이 쓰인다.

회양목 중에서도 규슈의 최 남부인 가고시마산을 최고로 친다. 빗 가게에서는 아예 가고시마 빗이라는 상품이 따로 있을 정도로 그 품질을 인정받고 있다. 실제로 가고시마의 회양목으로 만든 빗을 보면 나무가 아니라 마치 대리석으로 만든 것처럼 그 재질이 매끄럽고 아름답고 단단해 보인다. 가고시마 회양목으로 만든 빗은 표면이 매끄러워 머리카락을 빗을 때도 시원한 감촉을 느끼고 두피에 빗의 날이 닿아도 부드러운 느낌이 든다. 품질이 우수하다 보니 그 값도 비싸다. 제일 싼 것이 5,000엔(5만) 정도이고 대부분이 1만 엔 이상이며 한 개에 7만 엔(70만 원) 이 넘는 빗도 있다.

일본 빗의 가격이 워낙 비싸다 보니 요즘은 중국에서 회양목으로 만든 나무 빗을 많이 수입하고 있는데 그 가격은 100엔에서 4,000엔 사이이다. 가고시마 빗보다는 훨씬 싸다. 가고시마 빗이 비싼 이유는 하나만 가지면 최소한 10년 이상을 쓸 수 있기 때문이다. 평생 2~3개만 가지면 충분할 정도이다. 그래서 요즘 부잣집 처녀들은 시집갈 때 가고시마 빗 세 개를 가지고 간다. 그 세 개만 있으면 평생 빗 걱정을 안 해도 되기 때문이다.

예술의 경지에 오를 때까지 목숨 걸고 만들 뿐이다

다케우치 신이치 씨는 요즘도 가고시마에서 나는 30년생 회양목이나 버드나무를 직접 구매해 혼자 야마시나의 공방에서 빗을 만든다. 조상 대대로 해 오던 것처럼 오전에는 빗을 만들고 오후부터는 가게에 나와 밤 8시까지 빗을 판다.

쥬산야의 빗은 일본 내에서는 최고로 알아준다. 일본 최고의 신궁인 이세 신궁에서도 이 빗을 납품받아 사용하고 있다. 이세 신궁은 일본의 10만 8,000개 신사 중에서 가장 계급이 높은 아마테라스 오미카미天照大御神를 모신 신궁이다. 아마테라스 오미카미는 일본을 개국했다는 여신이다. 이 신궁은 20년마다 한 번씩 낡은 신궁 자체를 부수고 다시 새로 짓는데 바로 그때 새 신궁에 모시게 된 여신들이 사용할 72개의 빗을 쥬산야가 납품하고 있다. 이세 신궁에는 여신 아마테라스 오미카미를 비롯한 72명의 여신을 모시고 있기 때문이다. 그 72명의 여신이 쓸 빗을 바로 쥬산야가 납품하고 있는 것이다. 이것 하나만으로도 쥬산야의 실력을 알 수 있다.

60여 공정을 거쳐 작품을 만든다

빗을 만드는 과정은 쉽지 않다. 총 60여 개의 공정을 거치는데 규슈에서 자라는 회양목을 사서 쪼개고 말리고 깎고 다듬는다. 다듬을 때는 속새풀 껍질로 정성스럽게 빗의 표면을 문지른다. 또 빗살 한 올 한 올 가닥을 만드는데도 섬세한 감각과 정교한 손놀림이 요구된다. 이 모든 과정은 수작업이며 주인이 직접 한다. 이처럼 만드는 과정이 생각보다 복잡해서 한 사람의 기술자가 되기 위해서는 기본적으로 10년간의 연마 과정이 걸린다.

과거 일본에서도 플라스틱 빗이 유행했으나 지금은 다시 나무 빗의 시대로 접어들었다. 그것을 입증이라도 하듯 내가 인터뷰하는 한 시간 남짓 동안에도 손님이 끊이지 않고 들어와 이야기가 자주 끊어질 정도였다. 하루에 이 가게를 찾는 고객은 봄가을에는 300명 이상이고 비수기에도 100명 이상이 찾아온다. 나무 빗이 건강에 좋기도 하지만 그 자체를 예술의 경지에까지 끌어올렸기 때문이다.

실제로 쥬산야에 진열된 나무 빗에 그려진 그림이나 문양을 보면

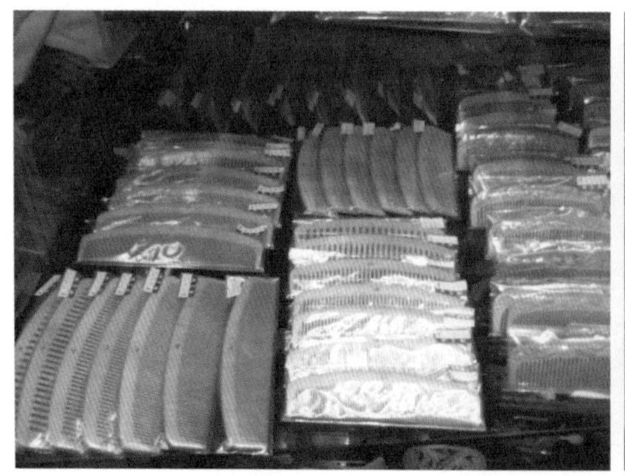

상품

그 디자인이 좋아지면서 소비자들은 빗이 아니라 액세서리 혹은 부의 상징으로까지 여기고 있다. 무심코 꺼내서 머리를 빗는 것처럼 보이지만 빗 자체가 예술이기 때문에 대번에 남의 시선을 끄는 것이다. 이처럼 나무 빗이 다시 인기를 끌자 일본 전국에는 나무 빗을 파는 가게가 폭발적으로 늘어나고 있다.

"1980년대에는 힘들었습니다. 플라스틱의 시대였으니까요. 그러나 일본의 소득이 점차 높아지면서 고객들이 다시 돌아왔습니다. 값이 싼 플라스틱 빗이 좋지 않다는 것을 안 것이지요. 플라스틱은 화학제품으로 대량 생산되는 것이니까요."

그의 말에 따르면 플라스틱 빗은 현미경으로 들여다보면 표면이 몹시 거칠다는 것이다. 그에 비해 나무 빗은 현미경으로 보아도 표면이 매끄러울 뿐 아니라 나무 자체가 가지고 있는 향과 기름이 몸에 이롭다는 것이다. 그러한 이유 때문인지 1990년대 이후 웰빙 붐이 불면서 소비자들이 다시 나무로 만든 빗을 찾기 시작하자 쥬산야 측에서는 빗의 디자인을 전문가들과 상의해 예술의 경지로 끌어올렸고 해마다 디자인 전문가들과 함께 '아름다운 빗' 전시회도 열고 있다.

품질만이 가게를 지키는 첩경이다

품질이 좋다는 것은 '소리를 내지 않고 손님을 모으는 것'이라며 품질만이 자신과 가게를 지키는 첩경이라고 주인은 말했다. 단 1년이라도 나무 빗을 써본 고객들은 좋다는 것을 알게 되어 결국 평생 자신의 가게의 고객이 된다는 것이다. 특히 요즘은 디자인의 향상에 많은 신경을 쓰고 있다. 지금의 목표는 "예전에 조상이 만든 수준의 제품을 만들어 소비자를 만족시키는 것"이다.

과거 선조가 만든 빗 중에는 국보가 되어도 무색하지 않을 만큼 뛰어난 빗이 많았다고 한다. 그 목표를 향해 자신은 과거 선조가 해왔던 것처럼 "예술의 경지에 오를 때까지 목숨 걸고 만들 뿐"이라고 얘기한다. 일본 천황가에서는 예부터 지금까지 플라스틱 빗을 쓴 적은 단 한 번도 없다고 한다. 오로지 최고급의 나무에 예술가들이 디자인한 빗을 사용하는데 그중에는 국보급의 작품이 있다고 한다.

오로지 빗 만들기 140년. 현재 쥬산야의 명성은 이미 일본 전국이 알고 있다. 모두 좋은 품질 때문이다. 주인 다케우치 씨는 명문 도시샤대 기계과를 나와 샐러리맨이 되고 싶어 도쿄에서 3년간 직장 생활을 했으나 3년 만에 직장 생활을 접고 가업을 이어받았다. 현재 6대째 가업을 승계할 그의 아들도 아버지처럼 도시샤대에서 경제학을 공부하고 있으며 대학을 졸업하는 대로 가업을 이을 예정이라고 한다.

최상의 것만 골라 정성스럽게 판다

400년 문방구 규코도

규코도鳩居堂는 일본에서 가장 오래된 문방구이자 도쿄 최고의 문방구와 문방사우점으로 유명하다. 하지만 사실 그 뿌리는 교토에 있다. 교토의 규코도가 훨씬 오래된 가게이다. 규코도는 1663년 교토의 혼노지本能寺 앞에서 약종상으로 출발했다. 하지만 그 뿌리는 그보다 500년을 더 거슬러 올라가야 한다. 규코도가 노렌*을 하사받은 해는 1180년이기 때문이다. 그때가 효시이다.

당시 조상인 구마가이 나오자네熊谷直實가 전쟁터에 나가 공을 세운 덕분에 당시 조정의 실권자였던 미나모토 요리모토源頼朝로부터 비둘기가 그려진 노렌을 하사받았던 것이다. 구마가이가 노렌을 하사받게 된 것은 전투를 잘했기 때문이 아니라 가부키와 교겐광언, 즉 일종의 만담을 해서 전선의 병사들 사기를 북돋워 주었기 때문이라고 한다.

---

* 일본의 가게나 건물 출입구에 내걸어 놓은 천.

규코도 도쿄점

그렇게 노렌의 뿌리까지 합치면 점포의 시작은 1663년보다 500년을 거슬러 올라가게 된다.

과감하게 업종전환해 승부를 본다

규코도는 평화를 상징하는 비둘기 문양을 갖게 된 이후 200여 년을 약종상을 하면서 살아오게 된다. 처음 규코도는 '꿀로 굳힌 향'으로 유명했다. 꿀 냄새가 나는 선향을 만들어 팔았는데 큰 인기를 끌었다. 본래 이 향은 일본 천황가에서 비방을 전수받은 것이었다. '꿀로 굳힌 향'은 오늘날까지도 규코도에서 판매되고 있다.

규코도는 1880년에 이르러 바로 오늘날 긴자 5정목에 도쿄 출장소를 내게 된다. 바로 이것이 문방사우文房四友 전문점으로 변신 출발하게

규코도 상품

된 계기이다. 그러니까 문구점이 된 것은 정확하게 126년 전이다. 이때부터 규코도는 먹, 붓, 종이(화선지), 벼루 등을 파는 문방사우 전문점이 된다.

교토는 1853년까지 1,200년 동안 일본의 수도였다. 그러다 보니 종이, 비단, 먹, 붓, 벼루를 생산·판매하는 업체들이 많았다. 규코도는 그러한 업체들이 생산한 문방사우를 받아 도쿄에서 판매했다. 그렇게 1880년부터 62년 동안 긴자에서 문방사우를 팔면서 입지를 굳히게 된다. 그러다가 1942년에 들어 문방사우를 직접 생산하는 규코도 제조 주식회사, 문방사우를 판매만 하는 교토 규코도 제조 주식회사, 도쿄 규코도 주식회사 등 세 개의 법인으로 분할되었다.

회사의 규모가 커졌으므로 제조와 판매를 나누고 특히 판매 부분은 교토와 도쿄 등 동서지역으로 나눈 것이다. 이러한 성장 배경에는 일본 천황가가 규코도에서 문방사우를 납품받으면서 명성을 날리게 된

규코도 실내

것도 있다.

최상품만 받아 최고의 디자인을 더한다

규코도에 납품하는 붓, 먹, 종이(화선지), 벼루 등은 가격은 뒷전이고 품질이 당대 최고여야 납품할 수 있다. 고객이 최고의 손님들이므로 싸구려 물건은 취급하지 않는다. 그 조건에 맞추어야 거래가 시작된다. 그리고 그때부터 규코도 소속 디자이너들의 조언을 받아 최고의 품질에 다시 최고의 디자인을 더한다. 그렇게 해서 당대에 다른 곳에서는 볼 수 없는 상품이 탄생한다.

당대 최고의 명성 덕분에 오늘날 결혼을 하는 젊은 남녀들은 규코도에서 청첩장을 만드는 것을 최고라고 여기고 있다. 규코도가 판매하는 최상의 용지에 아름다운 문양을 넣고 자신의 이름을 새기는 것을 최고의 영예라고 생각하는 것이다.

현재 규코도의 주인은 11대 구마가야 준조熊谷淳三이다. 그는 1943년생으로 일본의 명문인 교토대 교육학부를 졸업한 후 마쓰시타전기에서 8년간 근무했다. 그러다가 그의 나이 32세 때인 1975년에 사장으로 취임했다. 마쓰시타전기와 같은 일본의 대 가전 메이커에서 경영을 배운 후 규코도의 사장이 된 것이다. 규코도는 비둘기가 사는 집(비둘기 둥지)이라는 뜻이다. 11대 사장인 구마가야 준조는 규코도가 비둘기의 둥지라는 의미를 이렇게 해석한다.

"비둘기라는 놈은 자기 것이 없는 새입니다. 저희도 비둘기처럼 고객들에게 물건을 많이 나눠준다는 뜻에서 그 의미를 찾고 싶습니다."

11대 사장의 말은 좋은 물건을 고객에게 많이 나누어주는 것이 자신의 가게의 보람이라는 뜻으로 해석할 수 있다. 오늘날 규코도는 가훈이 없다. 그는 가훈의 의미를 자신의 가게 이름에서 찾고 있다. 앞서 말한 '아낌없이 나눠 준다'는 뜻으로 해석한다는 것이다. 규코도 가게 안에 들어가면 나무에 이러한 글귀가 씌어 있다.

"筆硯紙墨 階極精良필연지묵 계극정량"

붓, 벼루, 종이, 먹, 중에서 가장 최상의 것을 골라 정성스럽게 판다는 말이다. 쉬운 말로 최고 품질의 문방사우를 판다는 것이다. 규코도는 이러한 마음으로 지금까지 영업해왔다. 오늘날 규코도는 문방사우를 판매하는 일 외에 인쇄업, 각종 봉투 제조 및 판매, 서적 판매, 만년필 전문 매장 운영, 청첩장 및 각종 안내문 제조 및 판매 등 각종 문구 관련업도 취급한다.

규코도는 급변하는 현대 사회 속에서 전통문화를 지키고 가르친다는 사명감으로 일한다. 그 일환으로 붓글씨 교실이나 향도 교실 등을 운영하는 것이다. 향도란 향에 대해 배우고 그것을 바르게 켜는 방법을 가르치는 교육으로 일본의 저명한 향도 고수를 모시고 매월 세 번씩 고객들에게 교육 서비스를 하고 있다. 그리고 붓글씨 교실에서도 매월 세 번씩 일반인과 학생들을 대상으로 가르치고 있다.

현재 규코도는 교토와 도쿄 긴자에 각각 본점을 두고 있으며 시부야, 신주쿠, 요코하마, 이케부쿠로에 지점을 가지고 있다.

자존심이 가게를 키운다

1,300년 혼수용품 가게 겐다

도쿄 사람들은 약혼식에 별 의미를 두지 않는다. 그러나 교토 사람들은 그러한 의식에 의미를 둔다. 그래서 교토는 일본 내에서 결혼 의식 본가이자 뿌리로 꼽힌다. 교토에서는 가을이 되면 교토 결혼 공예전과 같은 특이한 행사가 열린다. 약혼과 결혼 등 혼수용품으로 만든 공예품을 전시한다. 주로 손으로 만든 종이 공예, 염색 공예, 칠기 공예품이 출품된다.

요즘은 일본에서도 공예품을 기계로 대량 생산하고 있지만 아직도 부유층이나 가풍이 있는 집안에서는 교토인의 손으로 만든 혼수용품을 최고로 치고 있다. 혼수용품 외에 신사 같은 곳에서도 신에게 바치는 공예품을 교토의 전문 업소에 의뢰하여 납품받기도 한다. 일본의 결혼은 결혼식보다 약혼식이 더 복잡하다. 유이노우結納라 불리는 약혼식은 도쿄 지방과 교토를 중심으로 한 간사이 지방이 많이 다르다. 교토에서 약혼하는 두 집안은 서로 결납품이라는 것을 주고받는다.

인척관계를 맺기 위한 의식을 진행하는 것이다.

우선 두 집안이 일본의 전통주인 좋은 청주 한 병, 안주, 축하용품 그리고 현금을 닥나무로 만든 받침에 얹어서 주고받는다. 이어 신랑 측에서 신부 측에게 최소한 일곱 가지 이상 아홉 가지, 열한 가지, 열세 가지 물건을 보낸다. 기본적인 일곱 가지 품목을 보면, 첫째는 '노시複斗'라는 것이다. 노시는 대패로 민 깨끗한 스기나무로 틀을 짠 후 일본의 전통 종이인 화지 색종이를 위가 넓고 길쭉한 육각형으로 접어 그 위에 얹고 속에 엷게 저며 편 말린 전복을 얹어서 보내는 것이다. 전복은 일본에서 최고급 안주인데 여기에는 장수의 의미가 있다.

둘째는 고소데료小柚料, 결납금를 보내는데 현금이다. 현금 역시 전통적인 종이 봉투에 담아 보낸다. 다시 말해 신부를 데려오기 위한 일종의 지참금으로 신랑의 2~3개월분 봉급이 일반적이다. 하지만 그보다 많을 수도 있다. 셋째는 유비와結美和라는 것으로 약혼반지를 보내는 것이다. 넷째는 스루메壽留女다. 나무 종이접기에 말린 오징어를 싸서 보내는 것으로 금실 좋은 부부가 되라는 것이다.

다섯째는 '다시마子生婦'로 다시마는 번식력이 왕성하므로 자손 번성의 의미가 있다. 여섯째는 '토모시라가友志良賀'로 마麻로 만든 실을 보내는데 이건 부부가 모두 백발이 될 때까지 장수하라는 의미가 담겨 있다. 이것도 실만 덜렁 보내는 것이 아니라 나무틀 위에 만든 특수 종이접기에 담아 보낸다. 일곱째는 스에히로末廣로 흰 부채를 보낸다. 순수하고 결백하다는 의미가 있다.

결납품을 보낼 때 일본의 전통 종이접기 형식이 뒤따르는데 이건 일반 가정에서 만들 수 없다. 또 보내는 품목도 매우 까다로우므로 아예 그 일곱 가지 품목 전체를 대행해 주는 가게가 많다. 물론 결혼식도 우리나라보다는 한층 복잡해서 일본식으로 한 번, 서양식으로 한 번 등 최소한 하루에 두 번 이상 분위기를 바꿔가면서 치른다. 이때도 각종 장식품이 등장한다. 바로 이러한 결납품을 대신 만들어주는 가게가 일본 전역에 수천 개가 있고 그중 가장 오래된 가게가 혼수용품 및 신사 납품 공예품 전문 회사 겐다源田이다.

교토 여인의 섬세한 손으로 만든 최고의 물건

겐다는 771년에 창업한 교토에서는 가장 오래된 가게이다. 교토에서 창업하기 이전에는 나라의 야기八木 시에서 야기야八木屋 라는 상호로 영업했다고 하니 창업은 771년 이전이 된다. 겐다 상점은 일본의 수도가 774년 나라에서 교토로 옮겨 가면서 교토로 함께 따라왔다. 교토로 옮기던 무렵의 창업주는 야기야 후지오카에八木屋屋藤丘이다. 그가 교토에 온 이후에도 그의 후손들은 줄곧 야기야로 영업해 오다가 400년 전 교토에 있는 신사에 양자로 들어가면서 겐다源田라는 성을

상품

갖게 된다. 그때부터 가게 이름이 겐다로 바뀌었다. 물론 겐다 상점은 전과 마찬가지로 결혼용품과 신사용품 등을 만들어 팔았다. 그러다가 1700년대에 일본 천황가의 어용상인으로도 지정되면서 전국적으로 그 명성을 날렸다.

'교토 여인의 섬세한 손으로 만든 최고의 물건'

겐다 상점의 슬로건이다. 기계가 아닌 여성의 손으로 정성 들여 만든 최상의 상품을 만들어 판다는 것이다. 겐다는 1,300년에 가까운 혼수용품 전문 가게로서 일본 내에서 가장 전통적인 혼수용품을 만들어 판다. 날이 갈수록 전통에 대한 관념이 희박해지고 있다. 하지만 최고의 법도를 가진 최상류층 집안 중에는 자식 혼사를 치를 때 엄격한 규칙을 가진 전통혼례를 고집하는 '메이지의 등뼈' 같은 사람들이 여전히 있다.

1868년 메이지 유신이 되기 전까지 일본은 230여 개의 지방 분국이 있었고 그 분국에는 다이묘, 다시 말해 성주들이 있었다. 그 집안의 자손 중에는 아직도 엄격한 전통 혼례를 고집하는 가문들이 있기 때문이다. 1,100년간 일본의 수도였던 교토 역시 그런 명망 있는 집안들이 있다.

남이 알아주든 말든 자기 길을 간다

겐다 상점은 무려 1,300년에 가까운 역사를 갖고 있다. 하지만 이 상점은 오늘날에도 기온 거리에 있는 자그마한 가게 하나가 전부이다. 1,300년의 역사를 가진 여타의 기업 같으면 프랜차이즈를 통해 일본 전국에 수십, 수백 개의 지점을 차릴 법도 한데 한마디로 그런 문어발 경영은 필요 없다는 것이다. 실제로 일본의 약혼 혼수용품 가게는 몇만 개인지 모를 정도로 많다.

겐다 사장

인터넷에서 파는 기계로 찍어낸 7종 풀세트의 경우 최하 3만 8,000엔짜리도 있고 전 과정을 생략하고 돈 봉투만 신부 측에 건네는 결납품 1종의 경우는 1만 엔이 조금 넘는다. 실제로 이런 회사들의 제품은 도쿄 지역의 젊은 자녀들에게는 상당한 인기가 있다고 한다. 그러나 겐다 사장은 프렌차이즈 같은 것에는 관심이 없다. 그보다는 지금 하고 있는 일을 더욱 연구하고 더욱 더 고급화시켜 좋은 결납제품을 만드는 것이 훨씬 중요하다고 판단하고 있다.

"남이 알아주든 말든 내 길을 간다."

겐다 사장의 말이다. 고집쟁이 영감 같은 이 가게의 주인은 다른 각도에서 보면 외톨수가 아니라 자존심을 지키면서 살고 있다고 볼 수 있다. 우리 가게에 혼수용품을 의뢰하고 싶으면 비행기를 타든, 신칸센을 타든, 살고 있는 지역이 도쿄이든 홋카이도이든 간에 여기까지 오라는 자부심이 있는 것이다.

실제로 이 가게의 고객은 일본 전국에 있고 그 지역에서 모두 행세깨나 하는 사람들이다. 그들은 자식의 혼사를 치르기 위해서 먼 길이지만 겐다 상점까지 와야 하는 것이다. 만일 겐다 상점이 전국에 수십 개의 지점을 거느리고 있다면 그들은 그 지점에서 혼수용품을 해결할 것이고 거꾸로 겐다 사장이 지점으로 출장을 가야 하는 상황이 생길 것이다.

실제로 일본의 혼수용품 가게들은 프랜차이즈나 수십 개의 지점을 거느린 가게들이 많다. 그러나 겐다 상점은 전국에 단 한 개뿐이어서 교토까지 오지 않으면 일이 해결되지 않는다. 그 희소가치 때문에 겐다 상점의 혼수용품 가격은 5종 풀세트의 경우 55만 엔으로 일본 내에서 가장 비싸다. 그러나 이것은 겐다 상점에서는 비싼 것이 아니다. 이 상점과 연결된 결납용품 전문 작가로 교토의 일인자인 이요나가호에게 5종 세트 전체의 디자인을 하나하나 나누어서 주문할 경우 가격은 수천만 원부터 수억 원대까지로 달라진다. 고집쟁이 노포의 자존심이 겐다를 거꾸로 자존심을 지키면서 가장 비싼 상품을 파는 가게로 만든 것이다. 겐다는 그렇게 지난 1,000년을 점포 하나로 최상의 품질, 최고의 가격 전략을 유지하며 살아왔다. 그리고 앞으로 1,000년을 또 그렇게 살아갈 것이다.

현재의 주인은 자신의 이름을 밝히는 데 관심이 없다. 겐다가 곧 자신의 이름이고 얼굴이라고 말한다. 주인 겐다 세이이치는 교토에서 태어나 명문 교토대를 졸업하고 사다케 제작소라는 기업체에서 남의 집살이해본 후 28세 때인 1974년 가업을 이었다. 겐다 상점에서 파는 물건은 혼수용품 외에 금실 은실 매듭 세공을 비롯하여 금박 은박 등의 머리 장식과 결혼 예복 자수 등이다.

2장

천하를 감복시켜라

하루 30인분만으로 승부한다

370년 두부요리 가게 오쿠단

"탕두부는 몸에 좋다."

교토 사람들이 하는 말이다. 예부터 교토는 대두大豆의 산지였다. 교토는 물의 도시라고 불릴 만큼 지하수가 풍부하다. 그 물과 토양 속에 두부가 잘 자라게 하는 성분이 있다고 한다. 두부는 본래 중국에서 전해진 것이다. 7세기경 일본 승려들이 중국으로 건너가 불교를 배우면서부터이다. 당시 중국에서는 승려들의 식사에 두부요리를 즐겨 올렸는데 그것이 발달하여 정진精進 요리가 되었다.

두부요리가 서민의 식탁에 오른 것은 에도시대였다. 교토에서 지식을 배운 장인들이 솜씨를 발휘하여 일본 곳곳에서 두부를 만들어 팔기도 하였다. 겐로쿠 시대에 출판된 책 『본조식감本朝食鑑』에는 제조법을 비롯하여 두부에 관련된 여러 가지 이야기가 나온다. 당시 교토는 일본의 수도였으므로 중국에서 전해진 두부를 만들기 시작했고 좋은 평판을 얻었다. 교토의 기술자들이 만든 두부는 부드러운 흰색으로 둥근 눈을 연상시킨다는 평을 들었다.

최고급 재료를 완전 수작업으로 30인분만 만든다

교토는 여전히 일본 두부요리의 중심이다. 교토에는 100종류가 넘는 두부요리가 있다고 한다. 교토의 두부는 90%가 수분인데 이른바 명수라고 불리는 질 좋은 지하수에 간수를 섞어 만들고 있다. 현재 교토의 두부요리는 야사카 신사 앞의 기온두부와 난젠지南禪寺 앞의 탕두부가 가장 유명하다. 교토 명물인 탕두부요리는 1624년부터 1643년경 난젠지에 참배하러 온 불교 신자들을 위하여 많은 식당이 생기면서 만들어졌다. 이른바 정진 요리를 만들어 파는 가게들이다. 정진 요리란 고기를 먹지 않는 불교도나 스님들을 위해 콩으로 단백질을 보충하기 위해 만든 요리이다. 추운 겨울날 뜨끈하게 먹을 수 있는 쿄토 명물 음식이다.

오쿠단奧丹은 바로 이 콩 요리에 유명한 가게다. 1637 오쿠단 고야奧丹後屋라는 이름으로 문을 연 것이 시작이다. 처음에 만들어 판 탕두부가 좋은 평을 얻으면서 교토의 명물로 세간에 알려졌다. 특징은 최고급 재료를 사용하여 완전 수작업으로 만든다는 점이다. 하루에 30인분의 두부만을 만들어 파는 것도 특징이다. 수백 년간 난젠지 참배객을 대상으로 영업해왔다. 에도시대의 유명한 판화에도 등장했다. 그래서 지금도 난젠지의 북문 앞에는 탕두부를 파는 가게가 많다.

손님이 일생에 한 번 온다고 해도 소홀할 수 없다

1945년 제2차 세계대전이 끝나고 일본에 미국식 음식 문화가 상륙

하면서 영업이 급격히 쇠퇴하기 시작한다. 스테이크, 돈까스, 아이스크림, 햄버거, 초콜릿 등이 선풍적인 인기를 끌면서 일본 고유의 음식들이 팔리지 않았다. 그와 함께 교토에 오던 참배객들의 수도 현저히 줄어들었다.

당연히 오쿠단을 비롯한 교토의 정진 요릿집들도 찬바람을 맞았다. 한파는 무려 40년간이나 계속되었다. 그 긴 시간 동안 그들은 숨을 죽이고 이따금 옛맛을 잊지 못해 간간이 찾아오는 참배객들을 손님으로 맞았다. 그나마 교토에 '봄에는 벚꽃놀이, 가을에는 단풍놀이'의 전통이 있어 손님이 완전히 끊기지 않는 것이 다행이었다.

일본 속담에 '가게 문과 요릿집은 큰 것이 좋다'라는 말이 있다. 그러나 가게 문이 크다 한들 요릿집이 크다 한들 손님이 없다면 말짱 헛일이다. 그래서 이때 생긴 전통이 하루 30인분만 만드는 것이다. 불필요하게 음식을 잔뜩 준비해놓았다가 팔리지 않으면 처치곤란이므로 딱 30명만의 손님을 위해 정성을 다해 음식을 준비해놓고 기다린 것이다.

교토에서는 과거나 지금이나 전날 팔던 음식이 남았다고 냉장고에 넣어두었다가 다음날 파는 관행은 없다. 2008년 5월 오사카의 150년 역사를 가진 난바깃조라는 유명한 요정이 전날 팔던 음식이 아까워 보관해두었다가 다음날 판 것이 발각되어 문을 닫는 일이 있었을 정도다.

"오직 30명의 손님에게 목숨을 건다."

오쿠단은 그렇게 매일 30인분의 음식을 만들어 팔았고 팔다 남은 음식은 가게 식구들이 먹었다. 그러다가 1990년대 들어 웰빙 바람이 불면서 다시 오쿠단의 두부요리가 주목받기 시작한다. 손님들이 다시 몰려오기 시작했지만 여전히 딱 30인분만의 음식을 정성을 다해 준비해서 팔았다. 여전히 30인의 손님만을 최선을 다해 모신 것이다. 이것이 오쿠단 경영 방침이고 철학이다.

"손님들은 10년 혹은 일생에 한 번 정도 오지만 한 번 온다고 해서 소홀히 하는 것은 아니고 그 한 번에 최선을 다해 우리 가게의 음식을 대접하고 만족시켜 드리는 것이 주인의 임무라고 생각한다."

두부가 최상의 맛을 내도록 연구하고 또 연구한다

현재의 주인 오쿠단의 15대 당주 이시이 야스이에의 말이다. 그는 교토의 명문 리츠메이칸대를 졸업한 후 1950년부터 가게를 운영해왔다. 미국의 초콜릿 문화가 들이닥쳤을 때의 불경기를 온몸으로 체험한 사람이다. 그도 젊은 시절에는 수습사원으로 가게에서 일했다. 가게에서 가장 일을 잘하는 직원이 되려고 선배 사원들로부터 두부 만드는 법을 배우면서 휴일에도 혼자서 두부를 만들었다.

'두부가 최상의 맛을 내기 위해서는 어떠한 과정을 거쳐야 하는가?'

그는 20년간의 노력 끝에 그 대답을 알게 되었다고 한다. 이제는 두부 만드는 일이 어느 정도 몸에 익숙해졌지만 여전히 재료로 쓰는 두부가 가지고 있는 여러 가지 복잡한 속성에 대해서 공부하는 중이다.

웰빙 붐이 불 때는 미리 예약한 단체 손님들이 대거 들이닥치기도 했다. 이럴 경우에는 30인분 이외에 단체 손님용을 따로 만들어 팔았다. 1980년대 일본 전성기 이야기이다. 그때 돈을 벌었으나 그것도 잠시 버블 경제의 거품이 꺼지면서 다시 두부요리점이 어려워졌다. 요즘은 하루 30인분 시대로 돌아갔다. 그러나 12대 주인은 여전히 이렇게 생각하고 있다.

"오쿠단에서 가장 신경 쓰는 일은 밤낮으로 노력하는 것이고 주인의 역할을 다해야 한다고 생각한다. 그 핵심에는 두부가 있다." 그리고 다음과 같이 덧붙였다. "더 좋은 음식을 제공하는 것이 중요하다. 찾아주신 손님들이 좋은 인상을 받고 돌아가신다면 점점 더 손님이 늘어나지 않겠는가?"

오쿠단은 니넨자카 언덕(2년 언덕)에도 지점을 가지고 있고 명물인 탕두부의 맛을 지키기 위한 노력을 하고 있다.

원래의 맛을 위해 불철주야 공부한다

157년 메밀국숫집 마쓰바

교토의 봄은 가부키 극장 미나미자南座의 연극으로 시작된다. 가부키 극장 미나미자는 교토의 중심인 4조 거리에 있다. 3월이 되면 가부키 극장 미나미자의 첫 공연을 알리는 간판이 걸리고 깃발이 나부낀다. 그 미나미자 바로 옆에 마쓰바松葉라는 4층짜리 메밀국숫집이 하나 서 있다. 이 가게는 교토의 명물이다. 이른바 교토의 4대 음식으로 꼽히는 탕두부, 오반자이 교토채소 반찬 정식, 고등어 주먹밥, 니신소바청어 메밀국수 중의 하나이기 때문이다.

청어 메밀국수는 어떻게 만들어졌는가

니신소바는 메밀국수에 살짝 조린 청어를 넣은 음식이다. 간단해 보이지만 생각보다 만들기가 쉽지 않다. 바로 이 니신소바를 제일 먼저 만들어 팔기 시작한 가게가 마쓰바이다. 1860년에 마쓰바의 창업주가 그 자리에서 식당을 창업했다. 그러다가 2대째인 마쓰노 요산기치與三吉가 가게를 물려받게 된다. 2대 사장인 마쓰노 요산기치는 1896년 어느 날 길에서 사람들이 멀쩡하게 걸어가다가 픽픽 쓰러지는 것을 보게 되었다. 쫓아가 보니 그 사람이 쓰러진 이유는 영양실조 때문이었다.

당시 일본은 한 해 걸러 흉년이 들었으므로 식량이 매우 부족했다. 사람들은 먹을 것이 귀해지자 허기를 면하기 위해서 메밀을 삶아 먹었다. 메밀은 먹기에는 술술 잘 넘어가지만 본래 영양가는 없는 음식이다. 2대 마쓰노 요산기치는 "어떻게 하면 영양실조로 쓰러지는 일본 사람들에게 충분한 단백질을 공급할 수 있을까?" 하고 고민하게 된다. 그러다가 메밀국수에 청어를 넣는 아이디어가 떠올랐다.

1890년대 일본에서는 청어가 많이 잡혔다. 청어는 당시 매우 흔한 생선으로 일본뿐만 아니라 우리나라의 동해안 지역에서도 가장 많이 잡힌 생선 중의 하나였다. 우리나라의 동해와 마주 보는 일본의 와카사 만에서도 청어가 많이 잡혔다. 그는 청어를 잡은 즉시 배를 갈라 내장을 빼낸 후 반으로 나누어 햇볕에 말렸다. 바닷바람에 1주일 정도 말린 후 거기에 간장으로 맛을 내어 살짝 조린 다음 메밀국수에 넣은 것이 니신소바의 시작이었다. 메밀국수에 부족했던 단백질이 청어가 들어가서 보강된 것이다.

여러 차례의 실패를 겪었지만 청어 메밀국수는 맛이 좋아 고객들에게 큰 인기를 끌게 된다. 마쓰바의 청어 메밀국수가 맛있다는 소문이 나면서 교토 여기저기에 니신소바 집이 들어서게 되고 급기야 오늘날에는 니신소바가 교토의 명물 음식으로 자리 잡게 되었다.

마쓰바 외경

음식에 풍경을 담아라

오후 3시 마쓰바 식당에 들어섰다. 니신소바의 맛을 보고 질문하기 위해 일부러 늦은 시간에 찾아갔다. 메밀가루가 충분히 들어간 소바여서 부드럽게 잘 넘어간다. 국물에는 풍부한 맛의 깊이가 있었고 따끈해서 추위가 제법 매서운 교토의 2월에 추위를 녹여줄 만한 음식이었다.

메밀국수 속에 잠긴 청어의 살을 한 입 베어 먹었다. 단맛이 돌면서 살짝 짭조름하다. 그러면서도 부드럽게 살이 잘 씹힌다. 가시가 있지

마쓰바 실내

만 먹기 불편하지는 않다. 메밀국수는 후루룩후루룩 소리를 내면서 먹어야 맛있는 음식이고 메밀은 중간에 이빨로 한 번씩 끊어서 먹어야 제맛이다. 메밀국수 한 젓가락을 먹고 청어를 한 점 뜯고 국물을 마시면서 한 그릇을 다 비웠다. 일단 음식 맛은 합격이다. 한국 사람이 먹기에는 약간 달다고 느낄 수도 있지만 일본 음식은 한국과는 달리 맵거나 시거나 짠 것 같은 강렬한 맛이 없으므로 감수해야 한다.

국물 한 방울 남기지 않고 한 그릇을 먹은 후 주인과 이야기를 나누기 위해서 불렀더니 오키나와 출장 중이라고 한다. 아쉬운 마음으로 돌아왔다가 2주일 후 다시 마쓰바 가게를 찾아갔다. 한국에서 국제전화로 약속했으므로 주인은 시간에 맞춰 기다리고 있었다. 약속된 시간에 4대째 주인인 마쓰노 타이지 씨와 마주 앉았다.

마쓰노 타이지 씨의 안내로 먼저 주방부터 살펴보았다. 주방에서 최종적으로 음식을 담아내는 장소에 커다란 창이 있고 그 창밖으로

마쓰바 주방. 그 옆에 창이 있다.

가모가와 강이 내려다보였다. 마쓰노 타이지 씨의 말에 따면 음식이 완성되는 이곳에 창을 내 강변을 볼 수 있게 한 것은 주방장이 늘 최선의 맛을 내라는 뜻이란다. '음식을 만드는 틈틈이 창밖을 내다보면서 그 신선함을 음식의 그릇에 함께 담아내라'는 뜻이다. 일본인다운 신선한 발상이다. 거기에는 손님에 대한 배려의 마음이 담겨 있었다.

최상의 맛을 위해 혼신의 힘을 다한다

마쓰바의 니신소바는 메밀, 국물, 청어가 3대 요소이다. 그중에서 국물 맛은 특급 비밀이라고 했다. 메밀국수는 아라시야마에 있는 공장에서 만들어 진공 포장 상태로 가지고 오며 국물도 공장에서 만드는데 국물에 들어가는 재료의 배합은 특급 비밀이라는 것이다. 주방

마쓰바 청어 메밀국수

안에는 '맛보기 철저'라는 주의 사항이 플라스틱에 쓰여 붙어 있었다. 혹시라도 있을지 모르는 실수에 대비하기 위해서였다.

오늘날 일본에서 메밀국수를 만들 때 메밀가루를 100% 사용하는 집은 아주 드물다고 한다. 메밀 값이 비싸서 일반 편의점에서 파는 메밀국수 사발면은 밀가루 98%로 만들어지고 여타의 가게에서도 메밀의 양이 30~40%가 넘지 않는다고 했다. 그렇지만 자신의 가게는 80%의 메밀에 밀가루 20%를 섞는다고 한다.

천연 샘물로 국수를 반죽한다

메밀을 반죽할 때는 찬물로 하는데 수돗물이 아닌 천연 샘물을 쓰는 것이 특징이라고 했다. 물의 양은 손의 감각으로 맞추는데 날씨와 계절에 따라 양이 조금씩 차이가 난다. 봄철과 같은 건기에는 물의 양이 조금 많아지지만 장마철에는 물의 양을 조금 줄인다. 그것은 순전히 손의 감각에 의해서 판단하는 것이므로 오랜 경험이 없으면 할 수 없다고 했다.

과거에는 교토 인근 농가에서 생산된 메밀을 사용했으나 교토가 발전하면서 땅값이 많이 올라 밭이 없어지고 공기 오염이 심해 옛날과 같은 맛의 메밀이 나지 않았다. 결국 마쓰바 주인은 새로운 메밀밭을 찾아 나섰다.

청정 지역 쥬카쓰 메밀만 사용한다

문제는 맛이었다. 과거 교토에서 생산된 메밀과 맛이 똑같은 메밀을 찾아야 했다. 마쓰바 주인은 홋카이도 일대를 10여 곳 답사하다가 과거 교토의 메밀 맛과 똑같은 메밀이 생산되는 산지를 발견했다. 홋카이도의 쥬가쓰 지역이었다. 쥬가쓰 지역은 산악 명승지로 메밀의 산출량이 많고 메밀이 자라기에 적당한 토질에 공기가 맑아서 메밀이 함유한 산소량이 풍부했다. 마쓰바 주인은 거기의 땅을 매입해 직접 메밀을 생산하여 가져온다. 오늘날 마쓰바의 메밀은 청정 지역인 쥬가쓰에서 생산된 것이다.

알래스카 최상급 청어만 사용한다

청어도 과거에는 일본 근해에서 잡히는 것을 썼지만 일본 근해도 공업화로 오염되었기 때문에 알래스카를 현지 답사하여 거기서 잡히는 청어를 먹어보고 사용하기로 했다. 주의할 점은 북아메리카의 알래스카에서 잡은 청어는 지방의 맛이 강하기 때문에 그것을 상쇄하기 위해 홋카이도의 하코다테 바닷가에서 일주일간 건조한 후 가지고 온다는 것. 이렇게 해서 주재료인 메밀과 청어 문제가 해결되었다.

교토 채소인 교사이와 홋카이도 메밀만 고집한다

마쓰바의 국물 맛은 깊고 그윽하다. 속이 싸르르 풀리는 것을 느낄 수 있을 정도로 시원하고 담백하다. 사장에게 국물을 만드는 과정을 보여달라고 요청하자 일본 NHK 방송국에서 촬영할 때도 노하우는 공개한 적 없다며 극구 사양했다. 재차 간청하여 결국 함께 아라시야마의 공장으로 가게 되었다.

사장은 공장에서 국물 졸이는 통을 열어 보여주며 "국물에 들어가는 요소는 다시마, 톳, 간장, 소금 등으로 구성되어 있으나 비율은 알려줄 수 없다. 공장에서 이 국물 졸이는 과정을 본 사람도 당신이 유일하다"고 말했다. 재료를 넣고 국물을 다섯 시간 정도 졸인 다음 메밀국수에 붓는데 메밀국수 위에 교토에서 생산되는 무를 갈아 즙을 넣은 것이 특징이라고 한다. 전에 먹은 청어 메밀국수의 맛이 약간 맵게 느껴진 것은 교토산 무가 약간 매운맛을 내기 때문이었다.

교토의 채소는 일본 전체에서 최고의 품질로 유명하다. 이른바 교사이라고도 불리는 교토 채소는 맛이 풍부하고 실하다. 그 이유는 교토의 물이 좋기 때문이다. 이렇게 최고의 재료가 모여 마쓰바의 메밀국수 한 그릇이 완성된다. 언제나 똑같은 맛을 유지하기 위해 주인은 홋카이도, 알래스카, 교토를 잇는 재료 공급선을 구축한 것이다. 한마디로 지극정성이다.

"저희 집 메밀국수 한 그릇을 먹기 위해 도쿄에서는 물론 1,000킬로미터 남쪽 규슈에서도 손님이 오시고 요즘은 한국, 중국, 홍콩, 대만에서도 손님이 오십니다. 그렇게 멀리서 옛 맛을 잊지 못해 오시는 손님에게 과거와 다른 맛의 메밀국수를 낸다는 것은 손님에 대한 배신이고 실망시켜 드리는 일입니다. 그래서 저희는 언제나 같은 맛을 내기 위해 혼신의 힘을 다해야 합니다."

마쓰노 타이지 사장은 이마에 힘줄이 설 정도로 힘주어 말했다.

"좀 더 맛있는 메밀국수를 만들기 위해 고베 학원대학에서 관리 영양학을 전공했고 이후 도쿄의 마쓰야라는 식당에 가서 3년간 메밀 수타면을 배운 후 23세 때부터 이 가게에서 근무했습니다. 아버지 때도 기계로 국수를 뽑았기 때문에 아버지가 수타면을 만드는 방법을 배우라고 도쿄에 보냈습니다."

메밀은 산화가 빠른 음식이다. 메밀가루에 물을 붓고 반죽을 하기 시작하면서부터 산화가 시작된다. 메밀국수를 만들어 오래 두면 오래 둘수록 국수 맛이 떨어지는 것은 산화가 많이 진행되었기 때문이다. 메밀국수는 즉석에서 만들어 바로 먹을 때 가장 맛이 있다. 그가 수타면을 배운 이유도 즉석에서 반죽하여 면을 뽑아 손님들에게 제공하기 위해서라고 했다.

100년 전 맛을 유지하는 것이 목표이다

일본 사람은 정월 전날인 12월 31일을 오미소카大晦日라고 한다. 바로 그 12월 31일 자정에 일본인들은 메밀국수를 먹는 풍습이 있다. 올 한 해도 신의 도움을 받아 일이 잘되었으니 내년에도 이 메밀국수의 가락처럼 길게 행운이 이어지기를 바라는 뜻에서 메밀국수를 먹는 것이다. 매년 12월 31일 밤 마쓰바 가게에는 3,000명의 손님이 모일 정도로 성황을 이룬다.

수타면 전용 가게 열어 품질 업그레이드한다

2월은 비수기여서 하루 200명 정도의 손님이 든다. 마쓰바 사장은 현재 본점인 이곳 외에 기요미즈 테라清水寺 지점과 교토역 등에 지점을 가지고 있다. 그러나 세 곳 모두 기계로 면을 뽑아 음식을 팔고 있어서 수타면 가게를 별도로 냈다. 그와 함께 가본 새 가게는 교토의 명소인 게이샤의 거리 기온 근처에 있었다. 그 가게의 점장은 그의 아들. 아들도 현재 가업을 잇기 위해 아버지의 가게에 와서 일을 배우고 독립한 것이다.

오늘날 마쓰바 가게는 본점과 지점 두 개와 공장까지 합해서 75명의 직원이 근무하고 있다. 조그만 가게에서 출발하여 149년을 이어오면서 이제는 지점까지 거느린 회사가 되었다. 그러나 마쓰노 타이지 사장은 수타면 가게가 오픈하면 자신이 직접 반죽을 해서 손님에게 진정한 메밀국수의 맛을 보여 드리겠다며 의욕을 불태우고 있었다. 그의 나이 66세다. 가게에서 일한 지 44년이 지났는데도 아직도 맛에 대한 승부를 위해 결의를 다지는 중이다. 마지막으로 157년간 이 가게를 지탱해 온 힘이 무엇이냐고 물었다. 그는 이렇게 말했다.

"니신소바를 처음 만들었을 때인 100여 년 전의 그 맛을 유지하는 것이 우리 가게의 목표입니다. 세월이 흐르면서 생선의 맛도, 메밀의 맛도, 국물의 재료도 기후의 영향에 따라 조금씩 달라집니다. 그러나 이러한 변수를 기술로써 극복하여 원래대로의 맛을 내기 위해 지금도 불철주야 공부하고 있습니다. 언제나 변하지 않는 본래의 맛을 내는 것이 바로 우리 가게의 목표이자 우리의 힘입니다."

149년간 긴장의 끈을 놓지 않아 온 마쓰바의 또 다른 힘 중의 하나는 조회이다. 매일 아침 본점 매장에서는 겨우 8명의 종업원이지만, 사장이 직접 실시하는 조회가 있다. 사장은 "어서 오십시오." "감사합니다." 복창을 시작으로 '맛보기 철저'를 당부하는 한편 메밀국수만 주문하는 손님들에게는 밥도 끼워서 파는 세트 메뉴도 있음을 알려 주라고 당부하고 있었다. 처음 오는 손님들은 놓칠 수도 있다는 것이다. 그리고 위생과 복장 청결을 당부했다. 종업원들에게 물어보니 어제도 같은 말을 했고 그저께도 같은 말을 했다고 한다. 똑같은 당부인데 지겹지 않으냐고 했더니 "몸에 밸 때까지 습관이 될 때까지 하는 것이 종업원 교육이니 당연하지 않습니까?"라고 반문했다.

마쓰바는 밤 9시면 영업이 끝난다. 종업원들은 퇴근하기 전에 부엌 곳곳의 종지에 흰 소금을 담아놓았다. 부엌의 조왕신에게 부정 타지 않게 도와달라고 비는 뜻이라고 했다. 놀랍게도 우리가 어렸을 때 어머니가 하던 그 모습이었다. 종업원이 모두 퇴근하자 사장이 업장의 곳곳과 부엌과 카운터를 돌아보고 전기를 끈 후 밤 10시 반에 퇴근하는 모습이 멀리서 보였다. 157년을 해왔으니 이제는 피로가 쌓일 만한데 한결같은 모습으로 장사를 이어 나가고 있었다.

매일 새롭게 제조방법을 혁신한다

379년 청주회사 겟케이칸

일본에서 가장 많이 팔리는 술은 맥주이다. 2015년 기준 매출 1위가 맥주, 2위가 와인, 3위가 청주, 4위가 소주 순으로 나타났다. 그러나 그중에서 가장 일본적인 술을 꼽으라면 역시 청주다. 일본에는 약 1,500여 개의 청주 회사가 있는데 매출 1위는 하쿠쓰루白鶴이고 2위는 교토의 겟케이칸月桂冠이다. 아마도 한국 사람들은 하쿠쓰루보다는 겟케이칸이라는 이름이 더 귀에 익을 것이다. 2002년 전까지는 겟케이칸 청주가 판매 1위여서 일본 청주의 대명사처럼 알려졌고 한국에서도 많이 마시고 있었기 때문이다.

겟케이칸은 1637년 교토의 후시미 구에서 창업했다. 후시미 구는 1400년 전부터 술도가가 많았던 곳으로 유명하다. 일본의 역사를 기록한 『고사기古事記』『신찬성씨록新撰姓氏録』에 따르면 5세기경인 일본 오진應神 천황 때 백제에서 건너온 수수허리須須許里라는 사람이 처음으로 술을 빚어서 일본 천왕에게 바쳤다는 기록이 있다. 이것이 일본의

겟케이칸(월계관) 외경

고대 문헌에서 나오는 술에 관한 최초의 기록이다. 그때부터 일본에는 술을 빚는 문화가 생겼고 본격적인 양조문화가 발전하기 시작했다.

689년 지토持統 천황 때 기록에 따르면 일본 천황가의 구나이쇼宮內省에 조주사造酒司라는 술을 빚는 부서가 생겼다는 기록이 나오고 701년에는 다이호율령大宝律令에 따라 조정에서 술을 빚는 양조 체제를 정비했다는 기록이 있다. 이 모두 600년대에 건너간 수수허리 이후의 기록들이다. 이렇게 탄생한 일본 술은 그 후 시대를 거치면서 발전하여 가마쿠라 시대가 되면 교토의 후시미 구를 중심으로 술 제조소가 많이 생겼다는 기록이 있다. 겟케이칸의 출발도 그 연장 선상에 있다고 볼 수 있다.

1637년에 오쿠라라는 사람이 술 가게 류치야笠置屋를 후시미 구에

겟케이칸 공장 입구

열었다. 바로 오늘날의 겟케이칸 청주를 창업한 사람이다. 겟케이칸이 자리 잡은 후시미 구의 숙장정宿場町이라는 곳은 참근교대 등으로 매우 혼잡한 곳이었다. 요즘으로 말하면 버스 터미널이다. 당시 숙장정은 지하에서 좋은 물이 솟아나 술을 만들기에는 더없이 좋은 곳이었다. 겟케이칸의 창업주 오쿠라 하루우에몬大倉治右衛門은 거기에서 술가게 문을 열었다. 1637년의 일이다. 겟케이칸 초대 창업주가 만들었던 최초의 술 이름은 다마노 이즈미玉の泉이다. 좋은 물에 좋은 누룩을 보태어 만든 다마노 이즈미가 발매되면서 큰 인기를 끌자 후시미 구에 청주 가게들이 속속 간판을 내걸기 시작했다.

1550년에 이미 고니시 주조가 창업해서 영업하고 있었고 1657년에 부비옹, 1677년에 야마모토 본가, 1688년에 사이토 주조, 1781년에 긴지 청주가 문을 열었다. 이외에도 크고 작은 청주 가게들이 후시미 구에 문을 열면서 청주 가게들은 서로 더 좋은 맛을 내기 위한 치열한 전쟁에 돌입했다. 대도시 시장에서는 후시미 구에서 생산된 청주가 날개 돋친 듯 팔려나갔다. 워낙 물맛이 좋은데다 효모(누룩) 개발 기술이 뛰어났기 때문이다. 실제로 내가 겟케이칸 청주 공장 안에 있는 물맛을 보니 놀랍게도 물에 설탕을 푼 것처럼 단맛이 났다. 물 자체가 완전히 다른 것이다.

좋은 물과 좋은 쌀이 좋은 술의 첫 번째 조건이다

보통 한 됫박의 술을 만들기 위해서는 8되의 물이 필요하다고 한다. 물도 보통 물이 아니라 술을 담기에 좋은 양질의 물이어야 한다. 후시미의 물은 후시미즈伏水라는 이름으로 따로 불린다.

후시미의 물맛이 특별히 좋은 이유는 근처의 삼림이 울창한 모모야마 구릉 지대에서 땅속 깊숙이 흐르던 청정수가 산록 근처에서 솟아나는데 이 물이 흘러나오기까지 땅속의 풍부한 미네랄을 머금고 화산 암반층에서 걸러지고 걸러져서 청정한 상태가 되기 때문이다. 이렇게 솟아난 후시미의 물은 지역에 따라 금명수金名水, 은명수銀名水, 백국수白菊水 등으로 불린다. 이 물은 칼륨과 칼슘의 균형이 기막히게 맞는 이른바 중경수中硬水로 이 물이 청주를 담기에 가장 이상적이다.

엷은 맛과 향이 진한 특제 이와이 품종 쌀 사용한다

물론 물맛이 좋다고 해서 좋은 청주가 생산되는 것은 아니다. 좋은 청주가 생산되려면 좋은 쌀이 있어야 한다. 통상적으로 일본에서 청

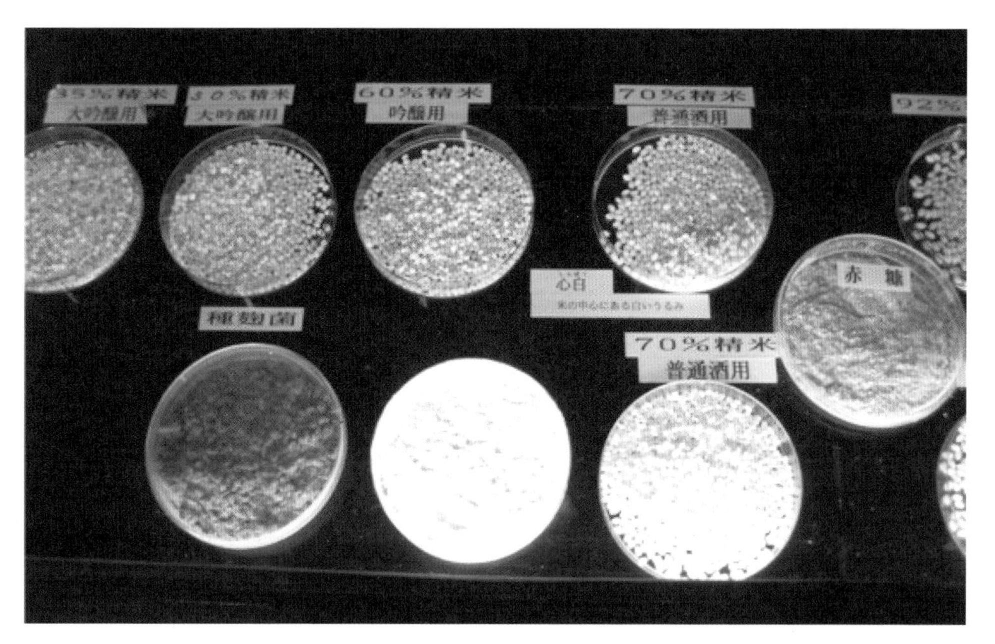

겟케이칸 청주 재료인 이요이 쌀.

주를 빚기에 가장 좋은 쌀로 꼽히는 것은 효고 현의 미키시에서 연간 3,000톤밖에 안 나는 야마다 니시키山田錦이다. 이른바 비싸다는 일본 청주의 라벨을 보면 대부분이 야마다 니시키 쌀로 빚은 술이라고 쓰여 있다.

그러나 후시미의 술도가는 야마다 니시키 쌀을 쓰지 않는다. 일본 청주 원조로서 자존심이 있기 때문이다. 그들이 술을 만드는 데 사용하는 쌀은 이와이祝라는 품종이다. 이와이는 1933년 교토 부립 농업 시험장 단고분소에서 처음 그 종자를 만들어낸 이후 개량에 개량을 거듭해서 만들어낸 청주용 쌀이다. 이 쌀은 저단백질로서 엷은 맛과 향이 진한 특징이 있다. 바로 이 쌀로 후시미 청주를 만드는 것이다.

끊임없이 기술 개발과
품질 향상을 거쳐 신제품을 만든다

1600년대부터 후시미 구에서 생산된 청주는 항아리에 담겨 교토의 후시미 운하에서 10가마니 쌀 배, 30가마니 쌀 배와 같은 배에 실려 오사카나 고베 등 간사이 대도시로 팔려나갔다. 그들은 누룩으로 술을 빚는 전통적인 방법으로 늘 맛이 좋은 청주를 만들어냈다. 당시 겟케이칸에서 청주를 만든 사람들은 두씨杜氏 집안으로 알려졌다.

두씨는 중국에서 술의 신이라고 하는 두강杜康의 자손들이다. 이들은 두씨 집단마을에서 농사를 짓다가 추수가 끝난 겨울이면 일본 전국의 양조장에 들어가 새로운 품질의 청주를 만들어냈다. 겟케이칸에서도 두씨들이 일했는데 지금도 열세 명 정도의 두씨가 봄까지 새로운 신제품을 만들어내고 있고 상근 직원도 한 명 있다고 한다.

창업하고 200여 년 뒤 위기가 닥쳤다. 1867년 바쿠후와 메이지 유신 군대와의 도바-후시미 전쟁이 겟케이칸 청주 공장 인근에서 벌어졌기 때문이다. 이때 겟케이칸 공장과 술 창고가 거의 불타버렸고 기타 청주 가게들도 큰 피해를 봤다. 그러나 이듬해 메이지 유신군의 승리로 메이지 유신이 선포되면서 일본은 새 시대로 접어든다.

전통에 기반을 두되
매일 새롭게 제조방법을 혁신하라

이 무렵 겟케이칸의 11대 사장은 새로운 시대를 맞아 일본의 수도인 도쿄 시장을 뚫기 위해 오쿠라 연구소를 설립한다. 그는 메이지 시대라는 새 시대를 맞아 과거의 양조법에 서양의 과학 기술을 도입하여 방부제가 전혀 없는 술을 만들고 술을 병에 넣어 도자기에 술을 담아 팔았는데 근대화가 시작되면서 서양식 술병이 들어오자 재빨리 응용한 것이다. 방부제 없는 병술은 초기에는 겨울에만 팔 수 있었다. 봄, 여름, 가을에는 술이 쉽게 부패해 버렸기 때문이다. 방부제가 들어가지 않은 상태에서 1년 내내 팔 수 있는 청주를 만들기는 쉽지 않았다.

1906년에 겟케이칸은 생 청주용 효모를 처음으로 만들어내면서 일본 청주의 왕자로 자리 잡아 갔다. 다마노 이즈미가 발매된 지 270년이 지난 때였다. 그 무렵 회사에서는 다마노 이즈미라는 다소 촌스런 이름을 버리고 승리와 영광의 상징인 겟케이칸으로 술 이름을 바꿨다. 그 후 오륙파(남부, 월전, 단파, 단마, 광도)의 다섯 개 회사가 합쳐져 최신 기술의 개발과 품질 향상을 거쳐 새로운 제품을 만들어 나갔다.

일본 최초로 4계절 팔 수 있는 새로운 양조기술 개발

1905년이 되면서 겟케이칸이 일본 청주의 대명사로 자리매김했다. 그래서 회사 이름을 아예 겟케이칸으로 바꾼다. 1910년부터는 기차역에서 일본 청주를 컵에 담아 판매하기 시작하여 이때부터 겟케이칸의 이름이 세상에 알려지기 시작한다. 시대의 변화에 발맞추어 개선에 개선을 거듭한 것이다. 또 약 80년간의 긴 노력 끝에 1961년에 드디어 일본 최초로 4계절에 팔 수 있는 새로운 양조 기술을 성공시킨다. 그것도 방부제를 넣지 않고 장기간 보존이 가능한 상태였다. 획기적인 기술이었다.

겟케이칸이 사용하는 지하수. 마치 설탕을 탄 것 같은 맛이 난다.

끊임없는 누룩 개발과 뛰어난 물맛을 유지한다

양조업은 역사가 긴 전통 산업이지만 늘 새로운 정보를 탐구하지 않으면 안 되는 사업이다. 본질은 변하지 않지만 시대가 바뀜에 따라 어떠한 효모로 술을 새로 만들 것인가, 어떤 술맛을 낼 것인가, 어떠한 새로운 재료로 술을 만들 것인가를 생각하지 않으면 안 된다. 선조로부터 배운 것도 중요하지만 새로운 부가 가치를 창출하는 것도 후세의 청주 계승자들이 해야 할 일이다. 다시 말해 대량 생산하는 제품은 제품대로 생산하고 있지만, 양조 마이스터인 두씨들이 한쪽에서는 계속 새로운 제조방법을 연구해서 신제품 개발에 몰두하고 있다.

이런 오랜 노력을 거쳐 겟케이칸은 세계 장수기업 모임인 에노키안 협회Les Henokiens에 가입했고 2016년 창업 379주년을 맞았다. 그리고 1989년 미국에 겟케이칸 주식회사를 설립했고 1996년 한국에도 월계관 주식회사를 설립했다. 겟케이칸은 미국 청주 시장의 25%를 차지하고 있다. 일본 청주를 가리켜 서양에서 '사케'라고 부르는 것은 겟케이칸에서부터 비롯되었다고 해도 과언이 아니다. 수백 년간의 긴 세월을 두고 일본 술 시장에서 노력해 온 결과 겟케이칸은 안심하고 마실 수 있는 맛있는 술로서 이미지를 얻고 있다.

380년이라는 장구한 세월을 살아온 겟케이칸의 목표는 단 하나. '매일 제조방법을 혁신하라'이다. 언제나 맛있는 청주를 만들기 위해 좋은 누룩을 얻기 위한 개발에 박차를 가하고 있는 것이다. 겟케이칸은 현재 청주 매출로서는 일본 굴지의 기업이긴 하다. 하지만 일본의 젊은이들은 청주를 좋아하지 않아 국내 소비는 줄어들고 있다. 반면 미국 등 해외에서는 몸에 좋은 순미곡주여서 판매가 늘어나고 있다. 오늘날 일본에서 가장 맛이 좋다고 평가받는 청주는 대량 생산되는 겟케이칸이 아니라 야마구치 현에서 생산되는 닷사이獺祭이다.

현재 겟케이칸의 사장은 오쿠라 하루히코로 명문 히도쓰바시대 경제학부를 나와 은행원 생활을 잠깐 한 뒤 1987년에 입사해 부친 오쿠라 게이이치의 뒤를 이어 사장에 올랐다. 오늘날 겟케이칸은 약 70여 종의 200여 가지 청주를 판매한다. 청주로 유명하지만 사업 영역이 넓어 소주, 화장품, 입욕제까지도 생산하며 종업원 560명, 연간 매출 332억 엔(3,500억 원)이 넘는 중소기업이다.

제품의 그림자까지 생각한다

180년 주석 공방 야마나카 세이카도

교토에서 만드는 주석 공예를 가리켜 특별히 교주석京錫이라고 한다. 데라마치 윗길에 야마나카 세이카도山中清課堂라는 주석 가게가 있다. 주석으로 만든 술잔이나 각종 공예품을 판다. 지금으로부터 180여 년 전인 1838년에 창업한 일본에서 가장 오래된 주석 공방이다.

현재 주석 제품을 만드는 공방은 전국에서 단 2곳으로 교토에만 있다. 야마나카 세이카도는 바로 그 주석으로 제기 등을 만들어 신사나 절 등에 납품하던 가게였다. 요즘에는 자신들이 직접 공예품을 만들어 팔기도 하지만 주문자의 요구에 따라 만들어주기도 한다. 또 일반 소비자들이 사용하다가 망가진 주석 제품을 수리해주는 일도 하고 있다.

최근 만드는 주요 제품은 주석으로 만든 다기, 향을 넣어 피울 수 있는 향 그릇, 브로치 등 장신구, 기타 주석으로 만든 술잔, 젓가락 받침, 공예품 등이다. 주요 생산 제품은 주석과 은으로 만든 그릇이다. 한국

세이카도 상품

에서는 주석을 사용해 만든 상품이 많지 않아 주석 제품에 대한 이미지가 흐리지만 야마나카 세이카도에서 본 주석 제품은 처음에는 은으로 만든 것이 아닌가 하는 생각이 들 정도로 빛이 났다.

야마나카 세이카도의 현재 사장은 7대째인 야마나카 페이山中純平이다. 그는 1969년 교토에서 태어나 대학에서는 정보공학을 배웠다. 그러나 가업을 잇기 위해 대학을 중퇴하고 아버지의 가르침을 받아 디자인, 생산, 유통에 이르는 전 과정을 배웠다. 그러나 시대가 시대이니만치 일본에서도 지금은 주석 제품을 찾는 이가 많지 않다.

물건의 그늘에 숨겨진 부분까지 중요하게 생각한다

"세상에는 물건이 넘친다. 그러나 그 물건의 중요성과 가치는 늘 존재한다. 물건에서 떠난 생활은 없다. 따라서 그 물건의 그림자에는 숨겨진 문화, 전통, 예술, 기술이 있으며 거기에 관련된 많은 사람의 마음이 있다. 야마나카 세이카도는 좋은 물건을 만드는 마음뿐만 아니라 물건의 그늘에 숨겨진 부분까지도 중요하게 생각한다."

내가 가게를 찾아간 날도 손님이 거의 없어 한산했다. 손님이 없어 힘들지 않느냐고 물었더니 그렇게 대답했다. 일본 장인의 장점 중의 하나는 제품의 그림자를 생각하는 것이다. 그 제품을 오랫동안 썼을 때 망가지는 것이 아니라 오래 쓰면 쓸수록 우아함이 빛을 발하도록 하는 것이다. 주석 제품도 오래 쓰면서 계속 닦으면 은 제품보다 오히려 더 찬란히 빛을 발한다. 야마나카 세이카도의 주석 제품은 만드는 과정에서 계속 달구고 두드려서 컵의 표면이 수십 개의 얇은 단층으로 이루어져 있다.

오랫동안 쓰면서 계속 닦아주면 은 제품보다도 우아한 빛을 발산한다. 제품의 그림자이다. 바로 이 그림자까지 생각하는 것이 진정한 장인이다. 비록 주석 제품이지만 이처럼 수백 년간 고객이 사용할 수 있는 제품을 미리 염두에 두고 만들어낸다. 자신의 일에 대해 자부심이 담긴 말이었다. 비록 손님은 많지 않아도 꾸준히 하겠다는 말이다.

“시대가 바뀐다고 해서 하루아침에 전통을 버릴 수는 없죠. 다시 시대가 바뀌면 저희 가게의 제품을 찾아주시는 고객이 올 겁니다. 지금도 저희 가게를 찾아 주시는 고객이 있으니까요.”

오래 쓰면 쓸수록 빛을 발하도록 만든다

실제로 최근 주석 잔을 찾는 고객이 늘고 있다. 생맥주를 마실 때 주석 잔에 따라 마시면 훨씬 맛이 좋다는 것이 알려졌기 때문이다. 한국에 30여 년 전부터 말레이시아산 주석 잔을 냉장고에서 얼려놓고 거기에 생맥주를 담아 파는 가게들이 생긴 것처럼 이 전통 주석 가게의 주문량도 늘어나고 있다.

세이카도 주인

사실 일본에서는 생맥줏집만 아니라 청주를 파는 주점에서도 주석 잔을 쓰는 집이 꽤 된다. 오사카의 번화가 도톤보리道頓堀에서 148년간 오뎅을 팔고 있는 다코우메 오뎅집의 술잔도 주석 잔이다. 그 술잔은 가게 문을 열 때부터 사용했다고 하는데 지금도 멀쩡하게 사용하고 있다. 주석 잔의 수명이 긴 것이다. 일본이나 한국에서는 모두 청주를 도자기 잔이나 유리잔에 마시는데 주석 잔에 담아 마실 때가 오히려 더 맛있다. 도자기 잔은 청주 맛을 보태주지 않지만 주석 잔은 분명히 청주의 맛을 좀 더 보태준다. 내가 직접 경험한 것이다.

시대의 분위기에 일희일비하지 마라

이 가게에서 만든 주석 잔은 싸진 않다. 한 개에 1만 8,900엔(20만

원) 정도이다. 값은 비싸지만 우아하고 멋있다. 비싼 대신 제품의 수명은 기본 100년은 보장한다. 100년을 우아하게 쓸 수 있는 맥주잔이라면 그렇게 비싼 것은 아니다.

"시대의 분위기에 일희일비하지 마라. 크게 멀리 내다보라."

인터뷰 도중 가게에 온 야마나카 페이 사장의 부친이 한 말이다. 지금 장사가 안 되고 남이 알아주지 않는다고 해서 쉽게 포기하지 말라는 말이다. 그러면 언젠가는 또 손님이 찾아준다. 장사에도 긴 인내심이 필요한 것이다. 그러나 아직 주석 제품의 수요가 많지 않아 그는 주석 제품 외에 금이나 은 등으로 주전자, 찻잔, 받침 등 각종 금속 공예 작품도 만들고 해가 바뀔 때쯤이면 은으로 그 해의 십이간지 동물상(개당 1만 2,600엔)을 엄지손톱만 하게 만들어서 팔기도 한다.

그는 또 금속 공예 작가로서 활동하고 있다. 그러한 노력 때문인지 최근 일본에서도 전통 공예의 가치가 인정되면서 주석 공예 일을 배우려는 젊은이가 하나둘씩 생겨나고 있다. 그의 공방에도 여대생 두 명이 일을 배우고 있고 전통 금속 공예를 응용하여 현대 미술에 접목하는 노력을 하고 있다. 2008년 봄에도 일본의 젊은 금속 공예 작가들과 '젊은 작가들의 금속 공예전'을 열었다. 그때 그는 주석으로 만든 '피사의 사탑'처럼 기울어진 모양의 맥주잔을 출품했는데 상당히 신선하다는 평가를 받았다.

또 여름 방학에는 초등학교 학생들의 주석 제품 만들기 체험교실을 열어 전통을 이어 나가려는 시도도 하고 있다. 이처럼 그는 시대와의 접목을 끊임없이 시도하면서 소비자들에 새로운 프러포즈를 하고 있다.

천 년의 땀과 눈물과 정성을 바친다

1,016년 인절미 떡가게 이치와

교토의 북쪽 이마미야今宮 신사 앞에는 인절미 구이로 유명한 두 가게가 서로 마주 보고 있다. 한 집은 1,000년의 긴 역사를 가진 이치와一和이고 또 한 집은 400년 된 가자리야錺屋이다. 이 두 가게는 전통 일본 기와집으로 모양새가 거의 비슷하고 분위기도 아주 비슷하지만 떡 맛은 약간 다르다.

가자리야는 본래 가게 이름 그대로 400년 전 가자리야의 초대 주인이 이마미야 신사에서 금속 장식품을 만들다가 떡가게를 차려서 유래된 상호이다. 현재의 주인은 19대째인 가와이케 게이코 씨다. 이 가게는 역사와 전통 면에서는 늘 이치와에게 밀리지만 떡을 만드는 데 대한 자부심은 대단하다. 나름대로 이치와의 맛과는 다른 떡 맛을 내는 것이다. 그 비밀이 뭐냐고 물었더니 자기 집의 떡 만드는 비법은 문밖을 나가 본 적이 없다며 알려주기를 거부한다. 그래도 굳이 가르쳐 달라고 했더니 원조인 이치와는 된장의 거래처가 다르고 설탕 배합비

(좌)이치와 외경 (우)전경

율이 다르단다.

가자리야와 이치와의 다른 점 중 하나는 수학여행 온 학생들에게 직접 떡을 구워보는 체험을 하게 한다는 것이다. 1,000년 된 이치와도 대단하지만, 또 그 옆에서 400년간 똑같은 인절미를 구워온 가자리야 또한 나름 대단한 가게이다. 이마미야 신사 앞에 이처럼 오래된 인절미 가게가 생긴 것은 마쓰리 때문이다. 매년 4월 둘째 일요일에 야스라이 마쓰리평안제가 열린다. 질병을 퇴치하기 위한 마쓰리이다.

이 마쓰리의 유래는 헤이안시대 중기 이치조一條 천황의 아들이 병에 걸리자 이마미야 신사에 와서 빌었던 데서 시작되었다. 당시 이 신사의 신에게 바치는 제물 중의 하나가 아부리구운 인절미이다. 이 떡을 바치면서 병에 걸리지 않게 해달라고 소원을 빌었던 것이다. 병뿐만 아니라 화재나 횡액을 맞지 않게 해달라고 빌기도 한다. 병에 걸린 왕자가 낫게 되자 이 신사에서 기도하면 영험이 있다는 소문이 나면서 이마미야 신사는 유명해졌다.

오늘날에도 매년 4월 둘째 주에는 전국 각지에서 수만 명의 참배객이 기 신사에 모인다. 바로 그 참배객들은 신사 참배를 마치고 이치와나 가자리야에 들러 떡 한 접시를 먹고 간다. 이치와나 가자리야의 인절미 구이에 향이 좋기로 소문난 교토의 녹차를 곁들여 먹는 것을 교토 대표 전통의 맛으로 쳐주기 때문이다.

최고의 쌀과 최고의 숯을 사용해 만들고 굽는다

이치와의 초대 창업주는 이치몬지야 와스케一文字屋和助로 고류지廣隆寺에 오카친이라는 떡을 만들어 신사에 바친 것으로 영업을 시작했다. 그러다가 1000년경부터는 흰 된장을 바른 아부리 떡을 만들어 지금의 이마미야 신사에 바치기 시작했다. 당시에 이 떡은 신이 먹던 귀한 음식이었다.

그러다가 1468년경 교토의 대기근이 들어 일반 백성이 먹을 것이 없자 당시의 고쓰치미카도 천황이 일반인들에게 떡을 팔라고 지시하여 그때부터 아부리 떡을 일반인들도 먹게 되었다. 그 후 이 떡은 17세기 일본 다도의 창시자인 센노리큐가 다회를 할 때 다식으로 먹으면서 유명해졌다. 숯불 아부리 떡은 흰 된장을 발라 구운 것으로 소박한 맛이 있는 교토 떡의 원조이기도 하다.

이치와의 창업은 1000년이니 2016년 기준 1,017년째를 맞는다. 현재의 주인은 하세카와 미에코長谷川美惠子로 24대째이다. 내가 이치와에 간 날 유감스럽게도 하세카와 미에코 사장은 병이 나서 가게에 나오질 못했고 대신 그녀의 동생인 하세카와 치요 씨가 숯불을 끼고 앉아 열심히 아부리 떡인절미 구이을 굽고 있었다. 치요 씨의 언니는 최근 건강이 좋질 않아 가게에 나오지 못해 대신 자기가 일하고 있다고 했

이치와 실내

다. 또 언니가 결혼하지 않아 자식이 없어서 자신의 친딸이 장차 가게를 이을 예정이라고 했다. 그 말을 들으니 외려 제대로 찾았다는 생각이 들었다.

먼저 그녀가 일하는 모습을 지켜보았다. 손톱만 한 인절미를 편편하게 누른 후 대나무 꼬치에 다섯 개씩 끼워 살짝 구워 숯불에 굽는 비교적 간단한 방식이었다. 그리고는 그 떡은 달짝지근한 흰 된장과 조청을 섞은 양념을 뿌려 먹는다. 꼬치 열두 개 1인분의 가격은 500엔. 이 정도면 일본에서는 아주 싼 가격이다. 가게에는 고풍스러운 분위기가 감돌았는데 손님들 70~80명이 북적거렸다.

가장 손님은 많은 날은 4월 둘째 주의 마쓰리 날로 하루 3,000명의 손님이 찾아온다고 한다. 수학여행 온 여학생들이 이 꼬치를 보는 순간 "정말로 교토에 왔구나." 하고 느낄 정도로 이 꼬치는 교토의 명물이다. 어떤 사람은 이 꼬치를 먹기 위해 20년 만에 다시 이곳에 들렀다고도 한다. 꼬치 떡은 쌀가루로 만든다. 재료는 예부터 교토 인근 시가 현의 하부타에 있는 도매상이 가져다준다. 시가의 하부타는 일본에서 가장 쌀 맛이 좋기로 소문난 고장이다. 쌀 맛이 좋다 보니 다른 곳의 쌀보다 30%나 비싸다.

이치와에서 하루 쌀 소비량은 40~50킬로그램 정도이니 적어도 하루 400~500인분은 파는 셈이다. 특히 교토의 관광철인 봄가을에는 줄을 서서 기다려야 먹을 수 있을 정도로 인기가 많다. 이 인절미 구이 가게가 잘되자 교토에는 좀 더 싼 가격으로 인절미 구이를 파는 업자가 많이 생겼다. 덕분에 한때 재룟값이 폭등해서 업자들이 재료를 구하지 못하는 사태가 발생했다. 그러나 이치와의 경우 무려 1,000년간 영업해왔으므로 도매상으로부터 재료를 구하지 못하는 일은 없다.

교토의 상법에 이런 말이 있다.

"갖고 있어라. 더 가지고 있어라."

유사시에 재료가 떨어질 것을 염려하여 늘 비상용을 확보해두어야 한다는 의미이고 맛도 갖고 더 가져야 한다는 의미가 담겨 있다. 재룟값이 올랐으나 이치와는 1인분에 500엔이라는 가격은 30년 전부터 줄곧 지키고 있다. 또 떡을 굽는 숯도 와카야마 현에서 나는 목탄만을 고집한다. 와카야마는 산세가 험해서 예부터 나무의 재질이 좋아 사찰의 기둥이나 서까래 등 건축 자재로 많이 쓰였으며 숯 또한 일본 내에서 가장 품질이 좋다.

와카야마에서 나는 숯은 가격도 비싸고 종류도 다양하다. 최근 가장 인기 있는 기슈 숯 선물 세트로 1킬로그램에 1,575엔(2만 3,000원 정도)이나 한다. 와카야마의 비장탄 숯이 좋은 이유는 그 숯으로 떡을 구웠을 경우, 인절미가 가지고 있는 음식의 비린 맛을 숯 향이 모두 상쇄시켜 주기 때문이다. 소고기를 구울 때 숯에 구우면 아미노산이 나와 한층 고기의 맛을 좋게 해주는 것과 같은 이치이다.

이치와는 바로 이러한 이유 때문에 값이 비싸지만 와카야마의 숯만을 고집하는 것이다. 그러나 요즘 일본 식당에서는 값이 비싼 와카야마 숯이나 일본 숯 대신 중국산 숯을 쓰는 집이 늘어나고 있다. 일본 숯을 써서는 채산을 맞추기 어렵기 때문이다. 이치와가 지난 1,000년 동안 번영해 온 이유는 값을 떠나 떡을 구울 때 떡 맛을 가장 좋게 하는 와카야마 숯을 쓰기 때문일 것이다. 그러한 고집이 바로 이 가게를 1,000년 동안이나 번성시켜 왔을 것이다.

시가 현 하부타에서 나는 좋은 쌀, 교토의 좋은 물, 그리고 품질 좋은 숯, 여기에 비장의 흰 된장이 어우러져 참으로 소박한 맛을 내는 것이다.

이치와 떡의 비법

1 시가 현 하부타에서 나는 좋은 쌀

2 교토의 좋은 물

3 와카야마 산 품질 좋은 숯

4 비장의 흰 된장

인절미 구이 한 접시에
1,000년간 땀과 눈물과 정성이 담겨 있다

하세가와 치요 씨의 어머니는 하세가와 아사코 여사로 1911년에 태어나 23세 때 이 가게로 시집와서 전통의 맛을 지킨 후 장녀인 하세가와 미에코에게 물려주었다. 이른바 이 가게의 전통인 일자상전一子相傳*을 말한다. 그러나 앞서 말한 대로 하세가와 미에코 씨가 결혼하지 않았기 때문에 자연히 여동생인 치요 씨의 딸에게 가게를 물려주게 된다.

왜 아들에게 가게를 물려주지 않고 딸에게 물려주느냐고 물었더니 그것이 이 가게의 전통이란다. 아들들은 대개 한 재산 받아서 자신만의 사업을 해서 독립하는 것이 그간의 가풍이라고 한다. 다른 사업을 할 능력이 안 되거나 하고 싶지 않은 경우에는 가게에서 쓰는 쌀과 숯 흰 된장 등의 사입과 관리를 맡긴다고 한다. 가게의 개보수 역시 남자의 몫이라고 한다. 비록 인절미 구이 가게라고는 하지만 1,000년을 해왔으니 돈을 벌지 않았는가 하고 물었더니 '안 벌었다'고는 말하지 않겠단다.

이 더운 여름날 숯불을 끼고 앉아 떡을 구우려면 덥지 않은가 하고 재차 물었다. 그랬더니 주인은 가게에서 일하는 것은 당연한 일이라 아닌가 하고 되묻는다. 그러면서 말하기를 자신의 언니도 자신의 어머니도 이 떡을 구우면서 "내가 이걸 언제까지 구워야 하나?" 하는 말을 평생 수도 없이 했다고 한다. 날이 추우면 추워서 힘들고 더우면 더

---

* 한 자식에게만 기술을 가르쳐주는 것

24대 하세가와 치요

운 대로 힘들고 손님이 없으면 없어서 힘들고 너무 많으면 바빠서 힘들어 그때마다 "이 일을 꼭 평생 해야 하나?" 하는 푸념을 했다는 것이다. 하세가와 치요 씨 자신도 언니를 도와 평생 떡을 구우면서 그런 생각을 수도 없이 했다고 한다.

그러나 자신만 그런 생각을 한 것이 아니고 자신의 어머니도 했으며 그 어머니도 그 어머니도 그런 생각을 했지만 결국 이 가게를 꿋꿋이 지켜왔다는 것이다. 따라서 자신이 이 일을 중도에서 포기한다면 지나간 1,000년 동안 가게를 운영해 온 조상에게 면목이 서겠느냐는 것이다. 그들 조상도 그렇게 힘들었지만 평생 포기하지 않은 일이므로 자신 역시 목숨을 걸고 포기할 수 없다는 것이다. 그녀는 집안이 지난 1,000년간 남이 알아주든 알아주지 않든 떡 장사를 해왔다며 이렇게 말했다.

"그래 봤자 떡 장사, 그래도 떡 장사."

그녀의 말 속에 직업에 대한 깊은 철학이 절절하게 울려왔다. 한 접시에 겨우 500엔짜리 인절미지만 이 직업을 소중하게 생각하는 마음이 느껴졌던 것이다. 땀이 뚝뚝 떨어지는 한여름에 먹었던 이치와의 구운 인절미 구이 한 접시 속에 지난 1,000년간 이치와 집안의 땀과 눈물과 정성이 담겨 있다는 생각이 들자 저절로 고개가 숙여졌다. 그리고 정말 감사한 마음으로 그 떡을 먹었다.

1,000년 된 이치와와 400년 된 가자리야. 두 가게는 서로 치열한 경쟁을 하면서도 사실은 함께 전통을 지키면서 땀과 눈물과 정성을 지켜나가고 있다는 생각이 들었다.

소의 쇠스랑처럼 정직하게 장사한다

390년 두부피 가게 가라나미기치·220년 유바기치

좋은 요리점이 되기 위해서는 어떤 조건이 필요할까? 첫째는 자신의 가게를 믿고 찾아주는 손님, 둘째는 좋은 음식재료를 대주는 재료상, 셋째는 좋은 음식재료를 생산하는 농부가 있어야 한다. 얼핏 보면 간단해 보이지만 생산자인 농부, 중간 도매상, 그리고 음식점의 삼박자가 맞아야 고객을 만족시킬 수 있다. 결코 쉬운 일이 아니다. 특히 고급 손님을 상대하는 일류 요정은 좋은 식자재가 있어야 보기에도 정갈하고 맛도 뛰어난 음식을 만들 수 있기 때문이다.

교토 히가시야마東山의 난젠지南膳寺 앞에는 이름난 요정들이 많다. 최하 100년에서 500년 역사를 가진 이 요정들의 고민도 늘 좋은 음식재료를 공급받는 데 있다. 특히 난젠지 앞의 요정은 예부터 두부요리가 유명하다. 요정의 상차림에는 두부요리가 꼭 들어간다. 난젠지 앞에서 두부요리로 이름을 날리는 요정을 한 군데 꼽으라면 역시 효테이瓢亭일 것이다. 효테이는 300년 전에 간단한 요깃거리와 차를 파

유바기치 전경

는 다점으로 가게 문을 열어 장사하다가 1837년경부터는 요정으로 변신한 가게이다. 요정을 하기 전부터 이미 음식점으로 170년 관록을 쌓았으므로 요정은 날로 번창했다.

바로 효테이의 요리 중심에도 유바두부피 요리가 있다. 효테이의 단골손님 중에는 한 시대를 풍미한 대가들도 많았다. 그중의 대표를 꼽으라면 양명학의 대가인 라이산요와 육군 대장을 거쳐 훗날 일본 총리가 된 야마가타 아리모토를 꼽을 수 있다.

일류 요정에 두부를 납품하는 가게 가라나미기치

두부요리가 주 특기인 효테이에 두부피를 납품하는 가게는 바로 니시키 시장의 가라나미기치唐波吉이다. 니시키 시장 안에는 교토를 대표하는 두부가게가 여러 곳 있다. 하지만 가장 오래된 가게가 가라나미기치이다.

1716년 교토 니시키 시장에서 창업한 390년 역사의 가라나미기치는 이후 대대로 두부피를 만들어왔다. 매일 새벽 4시에 일어나 물에 대두를 담근 후 가마에 불을 때서 콩을 삶아 목면으로 두부피를 한 장 한 장 만들어낸다. 9대째이자 현재의 사장 나가노 후지미 씨의 말을 들어보자.

"진짜 물건은 비닐을 씹을 때와 같은 식감이 있어서는 안 됩니다. 건조두부피도 생두부피도 된장 속에 넣었을 때 부드럽게 술술 넘어가야 합니다. 또한 콩의 향이 풍부하게 느껴져야 하죠."

이 가게는 1864년 하마구리의 변* 때 화재로 집이 불타버렸으나 그때 쓰던 도구나 제조방법은 옛날 그대로이다. 변화한 것이 있다면 두유를 만들 때 쓰는 연료 정도이다. 과거에는 연탄을 썼으나 지금은 모두 콩을 가스 불로 삶고 있다.

두부피의 유래

두부피는 한국인에게는 생소한 음식이다. 본래 중국이 원조로 1,200년 전쯤 선종의 승려 최징 스님이 중국에서 불교, 차, 두부피 등을 가지고 왔다고 전해진다. 이후 두부피 만다는 기술은 교토 인근의 히에이 산에 있는 엔랴쿠지延暦寺라는 절에 전수되어 퍼져 나가기 시작했다. 엔랴쿠지가 있는 히에이 산 일대에는 이런 동요가 있다.

---

* 일본의 지사들이 천황이 사는 교토의 어소를 뺏기 위해 바쿠후군과 싸운 전쟁.

실내

두부피

"산속의 스님은 무얼 먹고 사나. 두부피를 구워 채소 반찬하고 먹지."

이름의 유래인 유바由波라는 말은 표면이 황색이기 때문에 그렇게 붙여졌다. 이후 유바는 에도시대가 되면 그 종류도 상파上波, 유파油波, 탕파湯波 등으로 표기되기 시작했다. 승려가 많은 절에서는 두부피를 직접 만들기도 했는데 다이토쿠지大德寺 유바, 겐닌지健仁寺 유바, 도지東寺 유바 등은 큰 절에서 두부피를 직접 만들어 먹던 것이 유명해져서 붙여진 이름이다. 교토에 두부피와 같은 두부요리가 발달하게 된 것은 교토에 절이 많기 때문이다. 교토에는 무려 3,000여 개의 절이 있는데 절이 많다 보니 거기에 사는 스님의 숫자 또한 워낙 많다.

스님들은 일 년에 몇 번씩 밤을 새워 염불할 때가 있다. 그때 스님들의 체력 보충을 위해 먹는 음식 중에 정진精進 요리라는 것이 있다. 정진 요리는 스님들이 먹는 음식의 한 종류로 고기를 먹을 수 없었던 스님이 단백질을 두부로 보충하기 위하여 만들어진 교토의 대표적인 음식이다. 두부의 단백질과 콩기름이 영양이 풍부하기 때문이다. 또 하나 교토의 유명한 두부피 가게는 유바기치湯波吉이다.

220년 역사의 유바기치

유바기치는 1790년 1대 조상이 시코쿠四國의 에히메 현 오치군越智郡에서 올라와 니시키 시장에서 문을 열었다. 주요 판매제품은 생 두부피와 건조 두부피이다. 물에 대두를 넣어 불린 후 갈아서 두유의 상태로 만든다. 그리고 두유에 콩가루를 넣고 끓이면 얇은 막이 뜨는데 그것을 떠서 창호지처럼 얇은 두부피를 만들어낸다. 이는 우유로 치즈를 만드는 방식과 비슷하다. 두부피의 두께는 용도에 따라 달라진다.

두부피 한 장을 만드는 데 걸리는 시간은 30분. 두부피에 사용되는 물은 교토의 지하수이다. 공장 안의 지하수를 마셔보니 놀랍게도 설탕을 탄 것처럼 물이 달다. 그 지하수로 만들어야 제대로 된 맛이 나온다고 한다. 교토는 사방이 산으로 둘러싸인 분지여서 시내 곳곳에서 지하수가 솟는데 그중 가장 물맛이 좋은 곳이 바로 니시키 시장의 지하수이다.

유바기치의 두부피가 여타 지역의 두부피와 맛이 다른 것은 바로 니시키 시장 밑 지하수의 물맛과 교토 콩 때문이라고 한다. 물이 좋은 교토 지역에서 자란 콩은 맛이 다르다는 것이다. 그의 가게에서는 교토 인근의 시가 현 비와호 근처에서 기른 콩을 원료로 사용한다고 한다. 실제로 두부피를 먹어보니 지금까지 경험하지 못했던 깊은 고소한 맛과 천연 지하수의 단맛이 어우러져 아주 맛있다.

유바기치가 두부피 가게로 이름을 떨친 것은 40년 전 교토의 대가

람인 지온인智恩院으로부터 주문을 받으면서부터이고 지금도 납품하고 있다. 지온인은 1175년 일본 정토종의 총본산으로 개기한 후 그 산하에 7,000개의 말사를 거느린 대가람이다. 일본 국보로 지정된 건물만 일곱 동이고 기타 중요 문화재는 수도 없이 많으며 총본산 승려의 수만 1,000명에 달한다.

9대째 가업 계승

유바기치의 현재 사장은 9대째인 오치겐죠越智元三이다. 19세부터 이 가게에서 근무하기 시작해서 33년간 이 가게에서 일해 왔다. 그는 매일 아침 새벽 5시부터 7명의 종업원과 함께 일과를 시작한다.

두부피 만드는 일의 첫 번째 작업은 콩을 물에 담그는 일이다. 여름에는 8시간, 겨울에는 20시간을 미리 물에 불려 놓은 후 작업에 들어간다. 이 가게에서는 옛날에는 장작불을 때서 두유를 만들었으나 지금은 가스를 사용하고 있다. 공정은 기계화되었으나 예나 지금이나 맛은 변하지 않았다. 하루에 1,000장의 건조 두부피를 만드는데 모든 작업을 일일이 사람 손으로 하고 있다. 하루에 1,000장을 만드는데 한쪽에서는 두유에 콩가루를 넣고 젓고 있고 한쪽에서는 두부피를 뜨고 있고 다른 한쪽에서는 두부피를 부지런히 널고 있다.

모든 것이 수작업이지만, 단 하나 달라진 건 가스 불이다. 과거에는 연탄이나 장작불을 때서 두부 콩을 삶았으나 요즘은 모두 가스 불로 바꾼 것이다. 바로 그 가스 불 때문에 옛날 맛이 사라지지 않을까 하는 우려가 있어서 품질을 떨어뜨리지 않으면서 옛날의 맛을 그대로 유지하는 것을 목표로 하고 있다. 이 가게의 대표적인 제품은 생두부피와

유바기치의 9대 사장인 오치겐죠.

건조두부피. 두유를 넣고 끓이기 시작해서 처음 만든 일곱 장까지는 생두부피인 나마유바를 만들고 그 이후 생산된 두부피는 그냥 건조 두부피인 호시유바를 만든다. 나마유바 맛이 훨씬 부드럽다.

우직하고 성실하게 놀지 말고 일하라

현재 유바기치의 종업원은 모두 19명. 공장에서 두부피를 만드는 직원 3명, 매장 직원 3명, 매장에서 두부피를 마는 직원 3명, 배달 직원이 1명, 영업 직원 8명과 사장이다. 영업 직원들은 주로 음식점을 찾아가 요리사들에게 시식을 권하면서 두부피 사입을 권하고 있다. 이렇게 음식점이나 사찰 등 고정 거래처가 전체 매출의 80%이다. 그 다음은 교토에 사는 주민들이고 그다음이 그리고 관광객의 순이다.

"소의 쇠스랑처럼 장사하라."

유바기치의 가훈이다. 소가 끌고 가는 쇠스랑은 논이나 밭을 갈 때

골 하나하나를 빠뜨리지 않고 잘 갈아야 좋은 작물이 재배되는 것처럼 우직하고 성실하게 그리고 놀지 말고 부지런히 일하라는 의미이다. 그 말대로 사장은 매일 새벽 5시에 공장에 나와 일과를 시작한다. 새벽 5시 출근은 그가 평생 해온 일이며 부친도 그렇게 했다는 것이다. 말이 평생 새벽 5시이지 그게 쉬운 일이겠는가. 220년간 가게를 이어올 수 있었던 힘은 바로 거기에 있는 것이 아닐까.

밑지는 것은 잠시이고 지는 것이 이기는 것이다

지금까지 유바기치는 콩의 작황이 나빠 가격이 천정부지로 올라가도 늘 최상급의 콩을 사다가 본래의 가격대로 팔았다고 한다. 그럴 경우 밑지기도 하지만 그것은 잠시이고 대신 손님들로부터 영원히 신뢰받는다. 말하자면 경기의 좋고 나쁨에 일희일비하지 않으면 지금은 잠시 밑지지만 시간이 지나면 이기는 것이라는 것을 알게 된다는 것이다. 그것이 지금까지 가게를 지켜온 힘이자 원칙이다.

꾀를 안 부리고 우직하게 늘 좋은 물건을 만들어 판다는 정신과 가훈 얘기를 들으면서 오치겐조 사장의 얼굴을 보았다. 그 순간 그가 마치 소처럼 생겼다는 생각이 불쑥 들었다.

좁쌀 같은 실천사항을 엄수한다

800년 화과자 가게 토라야 구로카와

일본에는 화과자 가게가 수천 개인지 수만 개인지 헤아릴 수 없을 정도로 많다. 100년 이상 된 노포의 숫자도 수백 개에 달한다. 그중에서 일본을 대표하는 화과자 가게는 단연 토라야虎屋이다. 토라야는 공식적으로 470년의 역사를 가진 일본 제일의 과자 가게다. 전국적으로 모르는 사람이 없을 정도로 명성을 떨치고 있고 뉴욕과 파리에도 지점을 둘 정도로 일본 과자를 상징하는 대표적인 과자점이다.

토라야의 역사가 곧 일본 과자의 역사이다

일본 과자의 역사가 본격적으로 시작된 것은 1241년경이다. 견당사로 중국 송나라에 다녀온 쇼이치국사聖一國師가 교토의 토후쿠지東福寺에 거주하면서 중국에서 배워온 만두 만드는 기술을 가르쳤다. 당시 만두 제조소의 이름이 어만두소御饅頭所였는데 바로 이 기술이 변해서 오늘날 일본 화과자의 시초가 되었다.

이 무렵 토라야라는 이름이 등장했는데 처음에는 만두피 만드는 가게로서 간판을 달았다. 하지만 토라야 측은 1241년 만두피 가게 전에도 토라야는 이름이 있었다고 주장한다. 그들의 조상이 이미 나라 시대에 조정에서 일하면서 음식 만드는 일을 했는데 그것이 793년경이었다고 한다. 그때 시작한 가게 이름이 토라야 구로카와이고 1년 후인 794년 일본의 수도를 나라에서 교토로 옮기자 따라왔다는 것이다. 전설 같은 이야기지만 구전으로 그렇게 전해 내려온단다.

만두피 가게에서 일본 화과자의 시초가 되다

토라야는 만두피로 시작했지만 1500년대에 들어서서는 화과자의 시초가 된다. 그렇게 된 데에는 포르투갈인들의 기여가 크다. 포르투갈인들은 1543년에 일본 규슈 남쪽의 다네가시마種子島라는 섬에 도착한 일본의 역사를 결정적으로 바꾸게 되는 총을 가져왔고 또 한편 과자를 만드는 기술도 가르쳐주었다. 포르투갈과 스페인의 과자 만드는 기술이 일본에 유입된 것이다. 이때부터 만두는 과자나 떡으로 변신하게 되고 토라야도 기술을 전수받아 그 명성을 전국적으로 알리게 된다. 토라야가 과자 가게로서 처음 역사 기록에 등장하는 것이다. 교토의 묘신지妙心寺가 소장하고 있는 『정법산지正法山誌』에 토라야의 상호와 가게 주인인 토라야 엔쥬黑川圓仲의 이름이 나온다.

중국 양갱을 일본식 연양갱으로 만들어 입맛을 사로잡았다

토라야의 개업 연대에 관해서는 설이 분분하다. 토라야 측에서는 약 470년 전인 1543년경에 정식으로 창업했다고 주장한다(학자들은

토라야 긴자 외경

1592년경에 창업한 것으로 추정하고 있다). 토라야의 명성은 1600년대에 들어서서 전국적으로 알려지게 된다. 구로가와 엔쥬가 만든 양갱羊羹 때문이었다. 양갱은 기원전부터 중국에서 먹던 음식이다. 양갱이라는 말 자체는 양 고깃국이라는 뜻이다. 일본에는 가마쿠라 시대에 전해 내려왔다. 일본에서도 양 고깃국이 인기를 끌었던 모양이다.

절의 스님도 입맛을 다셨는데 당시 일본의 선종에서는 승려에게 육식을 금하고 있었다. 이에 당시 과자 가게에서는 스님을 위한 양갱을 별도로 만들었는데 고기 대신 콩, 토란, 밀가루 반죽에 칡가루를 섞어서 찐 후 다시 거기에 한천을 넣어 굳힌 것으로 바로 연양갱이다. 이때 토라야에서 구로가와 엔쥬가 만든 연양갱이 일본의 지방 토후인 다이묘 등 사무라이 사회에도 알려지기 시작해 오늘날 토라야를 일으

토라야 실내

킨 중흥조로 꼽힌다. 구로가와 엔쥬는 토라야를 아들에게 물려주었고 2대인 구로가와 요시미기黑川吉右를 필두로 토라야는 자손들에게 대물림되기 시작했다.

토라야는 3대부터 12대에 걸쳐 장구한 세월을 과자로 만드는 일로 대를 이어왔다. 그러다가 1863년에 일본의 수도가 교토에서 도쿄로 옮겨 가면서 교토에서 도쿄로 옮겨가게 된다. 이후 여러 번 매장을 옮기면서 오늘날에 이르렀다.

전 세계에 일본 문화를 소개하는 첨병 역할을 한다

현재 토라야는 본사가 도쿄의 중심가 중인 규탄시타에 있고 사장은 17대인 구로카와 미츠히로光博이다. 매장은 도쿄 시내뿐만 아니라 일본 전국에 수십 곳을 가지고 있다. 1980년에는 파리에 지점을 냈고 1993년에는 뉴욕에 지점을 냈다. 파리와 뉴욕에 지점을 개설함으로

토라야 상품

써 토라야는 일본 문화를 외국에 소개하는 첨병 역할도 톡톡히 하고 있다.

좁쌀 같은 15가지 실천사항을 엄수하라

2015년 기준 917명의 종업원이 근무하고 있고 2013년에 186억 엔(약 2,000억 원)의 매출을 올린 것으로 추정되고 있다. 무려 800년 이상을 번영해 온 토라야의 배경에는 자신들만의 특별한 가풍이 있다. 여기 16대 당주 구로카와 미쓰토모가 후손들에게 주는 당부 사항을 보자.

가훈

1 상인으로서의 품위를 유지하라.

2 한우물을 파라.

3 낭비를 하지 마라.

4 금전을 빌릴 때는 신중하고 엄격하라.

5 교제는 필요 이상으로 하지 마라.

6 취미를 갖되 그 방면의 일류가 되라.

7 자손이 없을 땐 양자라도 들여서 가업을 잇게 하라.

8 선조에 대한 공양을 확실히 하라.

9 놀 때는 확실하게 놀아라.

실천사항

1 매일 아침 6시에 일어나 가게 앞을 장식하고 청소할 것.

2 궁중 납품 시 부정함이 없도록 명심할 것.

3 궁중은 말할 것도 없고 여타의 손님을 뵈러 갔을 때는 오래 머물지 말며 정중히 공경하는 자세로 대하고 용무가 끝나면 즉시 돌아올 것.

4 멀리서 일로 찾아오는 고객은 물론이고, 지역의 고객들에 대해서도 자상히 응답하고 접대에 부실함이 없도록 주의할 것.

5 가게 일에 관해서는 각자 특기를 갖도록 노력하고 무엇보다 윗사람이 아랫사람을 잘 가르칠 것.

6 장을 보러 가는 일은 위로부터 3~4인에게만 시킬 것.

7 종업원 25명당 1명의 지배인을 두고 도구관리를 시킬 것.

8 고용인 중에서 문제가 있는 사람은 확실히 파악하고 주인에게 알릴 것.
9 모든 종업원은 상하를 막론하고 서로 노력하여 글씨와 산술을 배울 것.
10 손님이 와서 주연을 제공할 때는 어떠한 대접이라도 저녁 7시를 넘기지 말 것.
11 종업원들은 일하면서 잡담을 금지할 것.
12 모든 종업원은 신고 없이 외출을 삼갈 것.
13 어린 종업원은 담배를 피울 수 없으며 적발 시 바로 지배인에게 보고할 것.
14 항상 불조심할 것.
15 고용인 모두에게 매월 2회씩 주연을 베풀되 소박하게 할 것.

좁쌀보다도 더 잘은 실천 사항이다. 하지만 오랜 경험에서 우러나온 구체적이고 반드시 필요한 내용이 담겨 있다. 800년 과자 가게 토리야. 800년 전통은 거저 만들어지는 것이 아니다.

마음가짐에 따라 100배 차이가 난다

일본전산

일본전산은 주력 상품이 정밀 소형 AC 모터로 아이팟 하드 드라이브에 동력을 전달하는 모터 생산 업체로 유명하다. 이 회사의 사장은 나가모리 시게노부永守重信로 1973년 회사를 설립한 후 지금까지 승승장구해왔다. 일본전산의 2013년의 매출은 8,751억 엔이고 종업원 10만 349명에 140개의 계열사를 거느리고 있으며 그 분야 세계 1위이다. 나가모리 사게노부 사장의 경영 철학은 간단하다.

"적자를 흑자로 만드는 것은 간단하다. 경영자의 열의와 집념만 있으면 된다."

실제로 일본전산은 지금까지 22개의 회사를 사들여 단 한 개의 회사도 실패한 적이 없다. 매입한 회사 모두가 성공한 셈이다. 또한 회사를 사면서 거기에 근무했던 직원도 한 명도 자르지 않고 모두 그대로 받아들였다. 일본전산이 사들인 22개사의 대부분은 적자만 내던 기업들이었다. 그러나 일본전산으로 편입되면서 모든 회사가 적자에서 흑자로 전환한 것이다. 이른바 무혈재생無血再生이다. 그가 실패한 기업을 성공한 기업으로 바꾼 경영방침은 단 세 가지이다.

1 어려운 말은 일절 하지 않는다
2 회사 안을 말끔히 정돈한다
3 하루도 빠지지 말고 출근시킨다

나가모리 시게노부 사장 자신도 매일 아침 6시 50분에 제일 먼저 출근하여 하루 16시간씩 근무하고 있다. 사장 자신이 가장 부지런한 셈이다. 일반적으로 일본 기업의 세일즈맨은 하루에 20개소를 방문하는 것을 목표로 하고 있는데 일본전산의 영업사원은 그 다섯 배인 100개를 방문하는 것을 원칙으로 한다. 당연히 고생스럽지만 워낙 많은 거래소를 방문하다 보니 수주량이 여타의 기업과는 비교가 안 될 정도로 많다.

"사람보다는 성과가 중요하다. 인간의 능력 차이는 최대 다섯 배이다. 마음가짐은 사람에 따라 100배의 차이가 있다. 경험과 능력이 적어도 할 수 있다는 패기만 있으면 성과가 나온다. 벤처기업에는 무엇보다 인재가 부족하지만 과거의 성공한 기업에서 보면 종업원의 마음가짐이 뛰어난 기업이 성장해 왔다."

이러한 경영 철학으로 그는 일본전산을 일본 내 초우량 기업으로 만들어놓았다.

"궁극적인 목표는 매상 1조 엔, 종업원 10만 명의 거대한 기업이 되는 것입니다. 이러한 목표를 달성하기에는 시간이 없습니다. 집에서 쉴 틈이 없습니다."

그는 매일 아침 5시 50분에 기상해 샤워한 후 6시 50분에 회사에 나오고 밤 9시까지 근무해 왔다. 그는 회사 설립 이후 지금까지 그렇게 일하고 있다. 또한 토요일, 일요일도 근무하는데 해외에서 보내오는 팩스는 직접 챙기고 회의나 사원 연수도 직접 담당하고 있다.

본사 외경

"중학교 다닐 때 영화를 많이 봤습니다. 그때 인간의 정이 중요하다는 것을 배웠고 그것을 관리 기법으로 쓰고 있습니다. 샐러리맨 시대에는 미국 기업을 많이 방문했는데 주주를 중요시하는 경영을 배웠습니다. 미국과 일본의 경영 방식 중에 가장 좋은 것만을 취사선택하여 경영하고 있습니다."

정리, 정돈, 청소, 청결로 경영하라

그가 취사선택한 경영 방식에는 이런 것들이 있다. 4S(세리-정리, 세이돈-정돈, 소지-청소, 세이케츠-청결)가 의식개혁의 핵심이다.

일본 기업들이 정리, 정돈 잘하는 것은 유명하지만, 이 회사는 아예 의식개혁의 핵심으로 그러한 것을 추구하고 있다. 이러한 4S를 몸에 밸 수 있도록 가르치기 위해 하는 것 중의 하나가 신입사원이 입사하면 1년간 화장실 청소를 시키는 것이다. 이는 청소를 잘하는 사람이 일도 잘한다는 사장의 경영 철학 때문이다. 또 도시락을 빨리 먹는 사람이 입사 시험에 중요한 기준이 된다. 실제로 도시락을 빨리 먹는 사람을 선호한다. 회사는 일하는 곳이지, 여유 있게 농담하면서 밥을 먹는 데 투자할 시간은 없다는 것이다.

사장 대표이사 시게노부

이처럼 화장실 청소, 밥 빨리 먹기 등 잔혹한 회사 방침을 가지고 있지만, 회사는 아무리 경기가 어렵다고 하더라도 '한 사람도 자르지 않는 무혈혁명'이라는 방침을 가지고 직원의 평생고용을 책임진다.

"사원을 자르려면 사장이 먼저 할복자살하라."

사장의 말이다. 그는 M&A를 통해 다른 기업을 인수 합병할 때도 인수기업의 직원들을 한 명도 자르지 않는 것으로 유명하다. 이른바 '무혈재생'이다. 끝으로 나가모리 사장은 이렇게 말한다.

"지금 해라. 반드시 해라. 될 때까지 해라. 이 정신만 가지면 못할 일이 없다. 그대신 회사가 죽을 때까지 모든 것을 책임진다."

이것이 일할 맛을 주는 일본전산의 신경영이다.

3장

한 번 고객과는 평생 간다

한 번 온 손님은 정성을 다해 모신다

198년 여관 히이라기야

히이라기야柊家는 교토를 대표하는 여관이다. 이 여관은 전통적인 분위기가 철철 넘치는 목조 2층 건물로 본관의 21개 방과 2006년에 완성된 신관의 7개 방이 있다. 대부분은 방에서 정원을 볼 수 있게 되어 있고 눈과 혀로서 정원의 기암괴석을 즐길 수 있다. 맑은 날 아침에는 교토의 분위기를 만끽할 수 있다.

히이라기야 여관은 1818년에 개업했다. 현재의 여주인은 니시무라 아케미西村明美 씨로 창업주의 6대손이다. 호사가들은 히이라기야 여관이 일본의 3대 여관 중 하나라고 말한다. 200년 가까운 역사를 가졌기 때문에 모든 집기에서는 전통의 냄새가 난다. 그처럼 관록이 있다 보니 왕년에 이 여관에서 자고 간 손님도 쟁쟁하다. 미국의 유명한 코미디언인 찰리 채플린, 영화배우 엘리자베스 테일러, 일본 최초로 노벨 문학상을 받은 『설국』의 작가 가와바타 야스나리川端康成도 히이라기야 여관에 투숙하여 마당에 빗방울이 떨어지는 모습을 즐긴 단

히이라기야 현관

골손님이었다.

가와바타 야스나리에 대한 일화가 있다. 그는 1972년 독가스 호스를 입에 물고 자살했는데 그 두 달 전에 히이라기야 여관에 투숙했다. 당시 가와바타 야스나리의 자살을 두고 말이 많았다. 살 날도 얼마 남지 않은 70세 넘은 노인이 '왜 굳이 자살했는가?' 하는 것이었다. 여기에 대해 일본의 문학 평론가와 지인 등이 신문과 잡지에 인터뷰를 많이 했는데 대체로 원인을 알 수 없다는 결론이었다. 그에 대해 히이라기야 여관의 주인 니시무라 아케미 씨는 이렇게 얘기했다.

"가와바타 선생은 노벨 문학상을 받은 후 많은 사람으로부터 질시를 받았습니다. 만나는 사람마다 당신보다 더 나은 작가가 일본에 많이 있는데 어떻게 당신이 그 상을 받았느냐는 것이었죠. 심약한 가와바타 선생은 그걸 견디기 어렵다고 저희 어머니에게 털어놓은 적이 있었습니다. 그리고 얼마 후 자살하셨습니다. 저희는 가와바타 선생이 그런 고민 탓에 자살하셨다고 알고 있습니다."

이 말이 사실이라면 가와바타 야스나리의 자살 원인은 명확해진다. 히이라기야 여관 주인은 바로 이런 정도의 인물이다. 당대의 대작가가 자신의 고민을 털어놓을 수 있는 상대가 바로 여관의 주인이었던 것이다. 가와바타 야스나리의 제자이자 유명한 단편 소설 『금각사』를 쓴 미시마 유키오도 이 여관의 단골손님이었다.

히이라기야라는 호랑가시나무를 뜻하는 말이다. 여관 안에는 늦겨울이면 호랑가시나무 꽃이 피기 때문이다. 본래 히이라기야의 초대 주인은 교토 북쪽의 와카사에서 해산물 도매상을 했다. 그러던 그가 교토에 진출하여 1818년에 여관 문을 열고 1929년까지 11년간 경영하다 죽었다. 당시부터 이 여관에서 황족, 정계, 재계의 쟁쟁한 실력자들은 물론 작가, 화가들이 하룻밤을 지냈다. 여관의 현판에 이런 말이 적혀 있다.

"來者如歸내자여귀. 한 번 온 사람은 또다시 온다."

다시 말해 한 번 온 손님은 정성을 다해 모셔야 한다는 것이다.

마음으로 손님을 모셔라

히이라기야 역시 교토에서 몇 손가락 안에 꼽히는 격조 높은 화풍 여관이다. 건물은 2007년에 일부분 개축 공사를 하였다. 그럼에도 창

히이라기야 실내

업 당시의 본모습을 크게 훼손하지 않고 그대로 가지고 있다. 여관 안의 나무 욕조로 만들어진 목욕탕, 일본 창호지를 바른 문, 오래된 기둥에서는 여전히 문화의 향기가 배어 있다. 이러한 여관을 가리켜 화풍 여관이라고 한다. 일본의 전통 분위기가 있다는 말이다. 이 여관의 방 열쇠 손잡이는 과거 전통식으로 나무로 만들어져 있다. 여관은 전통을 파는 곳이기 때문이다. 단풍잎이 수 놓인 치기 오차 뚜껑, 일본의 전통 도자 주전자, 두루미가 그려진 금 병풍, 일본식 꽃꽂이, 정갈하게 깔린 다다미, 창호지에 배어드는 햇살, 일본의 대리석이 깔린 복도, 하얀 회칠을 한 일본의 전통 가구 등이 그러하다.

현재 이 여관의 6대 여주인인 니시무라 아케미는 인텔리이다. 아케미 씨는 교토에서 태어나 미국 노트르담대 영문과를 졸업했다. 일본의 구루메 작가 우라카미 요시야키와 더불어 『교야채京採』라는 책을 쓰기도 할 정도로 교토 요리에 관해 일가견을 가지고 있다. 1988년부

히이라기야 실내

터 히이라기야 여관 안주인이자 교토시 관광 대사를 맡고 있다. 그는 교토시의 여관 여주인의 모임인 '미야코 오카미 모임'의 회장도 겸하고 있다. 그녀는 전통 여관 주인답지 않게 최고의 지식인이자 현대적 감각을 갖추었지만 손님을 모실 때는 100% 자신을 낮춘다. 손님과 대화를 나눌 때 손님은 방에서 가장 상석에 모시고 자신은 문가에 무릎을 꿇고 앉아 손님의 말씀을 경청한다.

또 손님이 외출했을 때 방에 들어가 꽃꽂이를 할 때도 결코 손님이 앉는 상석에서 작업하지 않는다. 방의 가장 외진 자리에서 소리 내지 않고 일하는 것이다. 아무도 없는 방인데 굳이 그렇게 할 필요가 있느냐고 물었더니 "손님이 앉는 상석에 감히 어떻게 여관 주인이 앉을 수 있느냐"며 정색을 한다. 마음속에서부터 진정으로 손님을 잘 모시려는 자세가 배어 있는 것이다.

2013년에 소설 『실락원』으로 유명한 베스트셀러 작가 와타나베

준이치渡辺淳一가 머물기도 하였다. 그는 홋카이도 출신으로 1958년 삿포로 의과대학을 졸업한 정형외과 의사이자 작가다. 1970년 『빛과 그림자』로 일본의 저명한 문학상인 나오키상, 1980년에는 요시카와 에이지 문학상, 2003년에는 기쿠지칸 상 등을 받았다. 당대의 대작가인 와타나베 준이치와 여관 주인 니시무라 아케미가 나눈 대화는 '일본의 전통과 문학'이었다. 여관 주인의 문화 인식이 어느 정도인지를 바로 보여주는 사례이다.

손님이 원하는 것이 무엇인지 찾아서 하라

히이라기야 여관에는 다섯 개의 가훈이 있다. 첫째는 손님, 둘째는 거래업자, 셋째는 종업원, 넷째는 가족, 다섯째는 신용이다.

"좋은 시설은 아니지만 좋은 사람들이 있다. 다시 말해 시설이 일본에서 가장 뛰어난 수준은 아니지만 종업원이나 주인은 어떠한 숙박업소보다 친절하고 뛰어나다는 것을 자부한다."

이 말처럼 손님을 위해서라면 안 되는 것이 없다. 히이라기야 현재 주인의 조부는 종업원 교육에 관해 이렇게 말했다.

"말해서 안 되는 것은 무관심, 말해서 되는 것은 당연한 것, 말하지 않아도 하는 것은 진심."

말하자면 종업원이 진심으로 일할 수 있어야 좋은 여관이라는 것이다. 말로 시켜서 하는 것은 손님에게 감동이 없다는 것이고 "손님이 원하는 것이 무엇인지를 찾아서 하라"는 의미가 담겨 있다. 그러기 위해서 종업원을 뽑을 때 "그 사람의 마음이 넉넉하게 길러졌는가, 일본 교토의 전통문화 환경 속에서 일하고 싶어하는가, 사람과의 만남을 즐기는가." 등을 봐야 한다고 덧붙였다.

또 국제화 시대에 외국 손님이 많이 오므로 어학을 배워서 의사소통을 가능하게 해야 하며 객실에서 기모노를 입는 법, 조리실에서는 교토 정식 요리가이세키 요리와 같은 기술을 배우기 위해서 마음을 다해 움직여야 하고 손님에게는 과거를 묻는 일 따위는 해서는 안 된다는 것이다.

히이라기야 여관의 가이세키 요리 저녁상도 유명하다. 죽순, 두부피, 은어 튀김, 잉어 회, 가지 튀김, 전복 소바, 초무침, 계절 생선회 등 모두 8번에 걸쳐 음식이 제공되는데 오래된 여관이란 바로 그러한 음식 제공과 손님 접객 태도 등에 관한 예의범절이 투철할 때 브랜드 파워가 생기는 것이고 그래야 비로소 손님이 찾아온다는 것이다. 히이라기야 여관 또한 교토의 대표적인 전통 여관으로 자신들만의 법도를 가지고 운영하고 있다.

고객이 만족할 때가 최고의 순간이다

1,200년 부채가게 마이센도

일본인들은 아직도 부채를 많이 쓴다. 에어컨과 선풍기가 있지만 부채를 하나의 액세서리로 생각하여 휴대용 부채를 가지고 다니는 사람을 제법 볼 수 있다. 그러나 최근 일본 부채는 더위를 식히는 역할보다 아무래도 집 안의 장식용, 카페나 음식점 등의 장식용으로 많이 쓰이며 선물로도 많이 주고받는다.

일본 부채는 아름답기로 정평이 나 있다. 부채에 각종 그림을 그리는 것은 물론이고 금박 은박 자수 들을 놓아 아름다움을 한껏 뽐낸다. 부채의 종류도 다양하다. 우선 일반적으로 사람들이 들고 다니는 쥘부채가 있고 여름용 부채가 따로 있다. 여름용 부채는 디자인이 시원하고 가벼운 소재를 쓴다.

가정집의 장식용 부채가 따로 있고 히노키 소나무로 만든 부채를 따로 구분한다. 차를 마시는 다회를 할 때 쓰는 부채도 따로 있다. 이 경우의 부채는 그림이 소박하고 단순한 것이 그 특징이다. 다도의 정신이 소박 검소이므로 부채도 거기에 맞도록 사용하는 것이다. 절에서 의식을 지낼 때 쓰는 부채도 있다.

첨단 디자인을 발신하라

일본 전국에도 수백 개의 부채 가게가 여전히 성업 중이다. 그중에서도 가장 오래된 부채 가게를 꼽으라면 791년에 창업하여 1200년 역사를 가진 교토의 마이센도舞扇堂일 것이다. 마이센도는 '신감각의 부채를 늘 발신發信하는 곳'이라고 스스로 평한다. 그래서 회사의 이념도 감성 창조이다. 감성 창조는 실용적이면서도 선물했을 때 받는 사람이 만족스러워야 한다는 것이다.

일본 사람들은 부채를 가리켜 '마음의 앞에 있는 것'이라고 표현한다. 마이센도는 1,200년이라는 긴 역사를 가지고 있으리만치 전통의 기법을 이어오고 있다. 하지만 늘 새로운 감각을 창출하는 것만이 시대에 부응하는 것으로 생각하고 언제나 새로운 디자인을 만들어내고 있다. 혼신의 힘을 쏟아 최고의 제품을 만드는 장인정신으로 일한다

(좌)마이센도 외경 (우)현판

는 뜻인 모노츠쿠리もの造り와 섬세한 감각의 고객 서비스를 통해 고객 만족을 유도하는 것이다.

장인의 손으로 30번의 공정을 거쳐 창작 부채를 만든다

요즘 일본의 웬만한 부채 회사는 적어도 기술에 관한 한 우열을 가리기 어려울 정도로 잘 만든다. 문제는 아이디어와 디자인이다. 그래서 탄생한 것이 미니 쥘부채. 펼쳤을 때 폭은 20센티미터로 딱 한 뼘이며 길이는 10센티미터로 반 뼘이다. 여성들의 핸드백 속에도 충분히 들어간다. 부채로서 효과는 분명히 있다. 그러면서도 최첨단 분위기의 디자인을 그려 넣어 부채가 아니라 마치 아이팟처럼 하나의 액세서리 같은 느낌을 내고 꺼내서 펼쳐 들었을 때 깜찍하고 세련된 분위기를 연출한다. 당연히 10~20대 여성들에게 인기가 있다. 아이디어로 승부를 겨룬 것이다.

부채는 고대 중국에서 일본에 전해졌다. 부채가 기록에 처음 나타난 것은 헤이안시대 초기인 834~848년경으로 궁정의 대신들이 부채를 하사받아 연중행사 때 썼다는 기록이다. 그 무렵부터 교토에서는 중국 부채와는 다른 새로운 부채를 만들어냈고 그것이 일본 사회에 퍼져 나갔다. 일본 최초의 부채는 히오기檜扇로 교토의 도지東寺에서 나온 목간에 그 말이 적혀 있다. 히오기는 궁중의 남자들이 가지고 있는 부채였다는 것이다. 그 이후 종이부채도 만들어졌고 중국을 통해 유럽에까지 퍼져 나갔다고 한다. 교토에서는 헤이안시대부터 부채를 대량 생산하기 시작하였고 가장 오래된 부채는 '아미'라는 이름을 가

마이센도 기온점 실내

진 부채였다고 기록에 남아 있다.

본래 부채는 궁중 남자들의 전유물이었다고 한다. 초기에 여자들은 부채를 쓰지 않았다는 것이다. 그러던 것이 어느 날부터 여자용 부채가 나오기 시작하면서 그림도 훨씬 화려하고 다양해진다. 이른바 창작 부채가 시작된 것이다. 교토는 바로 창작 부채의 출발지이다. 부채 하나를 만들기 위해서는 약 30번 이상의 공정이 필요하다. 대나무를 쪼개는 것에서부터 시작하여 약 30번 정도의 공정을 거치게 된다. 지금도 숙련된 장인 한 사람이 수작업으로 부채 하나하나를 만들어내고 있다. 대나무 고르기, 부채 공(뼈대) 가공, 그림 그리기, 종이접기, 풀칠하기, 부채 주머니 만들기 등 상당히 복잡한 과정을 통해 한 개의 부채가 탄생한다.

오늘날 마이센도는 교토 내 8개의 지점을 가지고 있으며 전국의 유명 백화점에서도 판매하고 있다. 지금도 판매되는 부채 히오기는 부챗살이 모두 나무로 만들어져 있으며 그 위에 소나무 혹은 대나무, 벚

일본의 부채들

꽃, 봉황, 단풍 등을 그려 넣는데 개당 가격은 히오기가 9만 4,500엔부터 15만 7,500엔 정도. 또 종이부채도 부채에 각종 금박 은박으로 그림을 그려 넣고 나름대로 풍류, 백죽 등 이름을 붙여 판매한다. 개당 3,000엔에서 1만 엔 정도를 호가한다.

부채는 여성용과 남성용이 다르다. 여성용 부채는 그림이 곱고 화사하며 남성용 부채는 그림이 장중하고 무겁다. 이 부채도 가격이 개당 3,000엔에서 3만 엔 사이다.

아무리 잘 만들어도
고객의 마음에 들지 않으면 소용없다

마이센도는 몇 년 전부터 기온 지점에서 부채 만들기 교실을 운영하고 있다. 매주 수요일 신청자에 한해 90분 코스로 부채를 직접 만들 수 있도록 해 준다. 요금은 2,100엔 정도 받는다. 점차 잊혀가는 부채 문화를 살리고 그 아름다움을 직접 창조할 기회를 주는 것이다. 교토에 관광 온 젊은 여성들은 일본 부채의 특별한 아름다움을 배울 수 있고 또 자신이 만든 부채를 가지고 갈 수 있어서 부채 교실에 참여하기도 한다.

호텔 등에 단체로 여행 온 관광객이나 수학여행 온 중고교생들을 위해서 숙소인 호텔이나 여관까지 강사가 부채 재료를 가지고 찾아가 가르치기도 한다. 상당히 적극적인 마케팅이다. 수학여행 온 학생들은 그저 눈요기로 휙 둘러보는 관광이 아니라 스스로 직접 체험해 볼 수 있어서 인기가 높다. 특히 여학생들에게는 상당한 인기가 있다. 마이센도는 교토 시내 4개의 지점을 통해 부채를 판매한다. 또 기업이나 단체가 체육대회나 단합대회 등 특별 행사를 할 때 나눠주는 대량 주문도 많다. 이때 고객들은 지금까지 보지 못한 새로운 디자인을 요구한다.

"고객이 만족하는 그 순간이 우리에게 최고의 순간이다."

다시 말해 고객이 만족할 때까지 고치고 또 고쳐주겠다는 것이다. 마이센도의 가훈에 이런 말이 있다.

"마음이 먼저."

아무리 부채를 잘 만들었다고 해도 고객의 마음에 들지 않으면 소용없다는 얘기이다. 마이센도는 그렇게 1,200년간 고객을 만족시키는 데 최선을 다 해 왔다. 그들이 자신들만의 고집으로 시대의 요구와 동떨어진 제품을 만들었다면 아마 1,200년을 살아남지 못했을 것이다. 시대와 고객의 니즈에 맞춰준다는 정신, 거기에 자신들만의 기술을 더하는 정신이 있었기에 그 긴 세월을 살아남았고 지금까지 일본 최고의 부채 가게로 살아남았을 것이다.

고객에게 기쁨을 주는 것이 목표이다

300년 여관 다와라야

일반적으로 일본의 여관은 호텔보다 값이 비싸다. 한국에서는 여관이 호텔보다 싸지만 일본에서는 그렇지 않다. 일본 여관은 아침과 저녁으로 최고급의 전통 식사를 주고 전통, 풍경, 문화를 팔기 때문이다. 물론 여관의 분위기도 예술이다. 교토에는 어느 도시보다도 오래된 여관이 많다.

그중에 소위 화풍일본스타일 여관으로 고산케御三家 여관이 있다. 본래 고산케란 일본을 최초로 천하 통일한 도쿠가와 이에야스의 세 아들을 지칭하는 말로 유사시에 자손이 끊어졌을 때 대를 이을 수 있는 가문을 말한다. 그러나 지금은 어떤 분야의 챔피언급을 가리킬 때 쓰는 말이다. 교토 여관 업계의 고산케는 헤이하치차야平八茶屋, 스미야角屋, 히이라기야柊家이다. 그렇다고 이 여관 이외의 다른 여관이 고산케 여관보다 격이 떨어지는 것은 결코 아니다. 거의 우열을 가릴 수 없을 정도로 모두 뛰어난 서비스, 음식, 분위기를 자랑한다.

다와라야 외경

좋은 여관의 요금은 물론 매우 비싸지만 요금 이상의 격식이 있고 오랜 전통과 관록만큼 심리적인 안정감도 준다. 교토에는 1592년에 개업한 헤이하치차야 여관을 시작으로 1637년에 개업한 오쿠단奧丹 여관과 300년 이상의 역사를 가진 다와라야俵屋 등 100년 이상 된 여관이 최소한 100개가 넘는다. 어느 여관이나 모두 나름대로 격식과 전통을 가지고 있어 우열을 가리기 어렵다.

늘 기쁜 마음으로 춤추듯 경영하라

다와라야는 300년의 역사를 가진 일본 교토에서 가장 오래된 여관 중 하나이다. 에도시대부터 메이지시대에 이르기까지 지방의 성주나 귀족들이 자주 묵는 숙소로 품격 높은 서비스로 고객에게 칭찬을 받아왔다.

다도의 정신 분위기, 대접, 향응에 기반을 두고 경영한다

다와야라는 고객에게 기쁨과 즐거움을 드리는 것을 목표로 하고 있다. 호텔 왕이라고 불리는 손님이 이용한 적도 있는데 다와라야에서 호텔의 원형을 보았다며 칭찬을 아끼지 않았다. 잠자리도 좋지만 특히 음식의 맛이 뛰어나다는 평가를 했다. 현재 11대 주인은 사토 토시 씨로 시츠라이분위기, 모테나시대접, 후루마이향응가 다도의 정신에 있는 것처럼 늘 기쁜 마음으로 춤을 추는 것 같은 경영을 한다. 특히 주인은 고객 만족을 위하여 다음과 같은 주의를 게을리하지 않는다.

1 모든 물건은 제자리에 있는가?
2 한 달간 스케줄은 제대로 짜여 있는가?
3 요리는 최대한의 맛을 내고 있는가?
4 종업원들은 자기 위치에서 할 일을 제대로 하고 있는가?

모든 일은 맡은 사람이 알아서 해야 하며 적당한 타협은 있을 수 없다. 또 베개나 침구 등 여관 비품의 구비도 일등 정신을 가지고 손님이 이해할 만한 품질을 유지해야 한다. 청결한 시설, 맛있는 요리, 쾌적한 수면이 좋은 여관의 조건이며 철저한 청소, 맛있는 음식재료, 천연 소재를 사용한 특수한 침구 등은 고객에게 최고의 만족을 주고 있다. 그것이 일류로 가는 지름길이기 때문이다.

본래 다와라야는 시마네 현에서 옷감 도매상을 하다가 다와라야의

다와라야 현판

교토 지점 지배인으로 부임했던 오카자키 카즈즈케가 교토에 여관을 차린 것이 출발이다. 도쿠가와 바쿠후 말기 안세이의 대옥安政大獄* 시절 배후였던 나가노 주젠이 머무르기도 하였고 지방 제후들도 이곳에 빈번히 출입하였다.

1853년 일본의 수도가 도쿄로 옮겨 갔지만 교토 출신의 귀족들은 고향으로 돌아오면 다와라야에 머물렀다. 그 외에도 조슈오늘날의 야마구치 현 번의 성주 모리 가문, 미도의 도쿠가와 가문, 일본 근대화의 선구자인 이와쿠라 토모미, 이토 히로부미, 기도 다카요시, 오쿠보 도시미치 등 메이지 정부의 고관대작들도 단골손님이었다. 그 무렵에는 이 여관은 손님들로 넘쳐났고 최근에는 지휘자 레오나르도 번스타인, 영화감독 히치콕, 바이올리니스트 아이작 스턴, 영화배우 말론 브랜도, 미국의 대통령, 일본의 유명한 배우 등이 이 여관에 투숙하기도 했다. 교토에서는 가장 오래된

---

* 1858년 바쿠후의 실력자 이이나오스케가 자신의 반대파 100여 명을 대량 숙청한 사건.

여관으로 나이 든 장년층이 동경하는 여관이다.

여관 건물은 L자형으로 서재의 오른쪽에는 일본식 8조 다다미방이 여러 개 있고 옻칠을 한 식탁과 앉아서 식사할 수 있는 테이블 등도 갖추고 있다. 주인이 3년간의 연구 끝에 만든 벤치형 의자는 외국 손님들을 위한 것이다. 도코노마일본식 트인 벽장에는 '등화적멸고창전燈火寂滅古窓前, 등불이 가물가물하는 옛 창의 앞'이라는 묵적이 있다. 그 그림은 묵적의 대가이자 다와라야 여관의 손님이었던 다야마호난田山方南의 작품이다. 다와라야의 특징을 한마디로 얘기하면 '그림을 하나 걸어도 제대로 된 명품을 건다'이다. 응축된 아름다움을 보여 주기 위해서다.

다와라야 여관에는 모든 객실에 미술품이 걸려 있다. 정면 현관에 있는 병풍은 우메하라 류사부로梅原龍三郎의 작품 「달月」이다. 창밖으로는 청죽이 우거진 작은 정원이 보이고 정원 가운데엔 우물이 있다. 이 정원은 어떤 객실에서도 볼 수 있게 설계되어 있다. 서재에 준비된 벼루, 먹, 붓 등의 문구 세트도 당대의 일품들이다. 서재에서 등불을 켜고 최고급 문방사우로 가까운 사람에게 편지를 쓰는 모습은 일본의 유명한 여성 월간지인 『부인화보』 2003년 9월호에 「다와라야의 디자인 2002」 특집으로 무라마쓰 토모시村松友示가 '다와라야의 불가사의'라는 제목을 달아 기사를 게재하기도 하였다. 그만큼 풍경이 아름다운 것이다.

이 여관은 일본의 유명한 작가인 후나바시 세이이치舟橋聖一의 소설 『꽃의 생애』에도 등장하기도 한다. 『꽃의 생애』는 교토 인근 오미 출신이었던 바쿠후 말기 쇼군 바로 아래의 최고급 관리였던 대로 이이 나오스케井伊直弼의 생애를 그린 것이다. 이이 나오스케는 1853년 페리 제독이 일본의 개항을 요구하면서 요코하마 항에서 함포를 쏴댈 무렵 일본 대표 사절로서 페리 제독과 담판을 벌인 인물이다. 격동의 일본 근세사를 겪은 그는 살아생전에 머리도 쉴 겸 다와라야에서 가끔 묵었는데 『꽃의 생애』는 그가 본 정원 풍경을 작가가 묘사한 내용이다.

1년 플랜을 가지고 장사한다

다와라야 여관은 매달 연간 행사 계획표에 따라 여관의 아름다움을 새롭게 창조해낸다. 정월에는 한 해의 시작을 알리는 특별한 디자인, 2월에는 겨울나무, 3월에는 개나리에 대한 그리움, 4월에는 꽃구경, 9월에는 국화꽃 감상 등 매월 테마를 정해놓고 여관 전체의 분위기를 바꾸고 있다.

요리도 매월 테마가 있다. 정월에는 백합 뿌리가 들어간 밥, 2월에는 생선초회 치라시, 3월에는 도미 정식, 4월에는 죽순 정식, 5월에는 콩 요리 정식, 6월에는 은어 정식, 7월에는 갯장어 정식, 8월에는 마무시(찜) 정식, 9월에는 두부피유바 정식, 10월에는 송이 정식, 11월에는 밤 요리 정식, 12월에는 수구기순무로 담근 반찬 정식 등 특별 주문을 받기도 한다. 가격은 3,000엔이다.

다와라야 여관 근처에는 명소가 많다. 우선 유명한 사찰인 닌나지仁和寺, 교토의 도자기를 굽는 서교토 도자기 가마, 은행을 넣어 만드는 도시락 식당 등이 있다. 다와라야라는 여관 이름도 일본의 고사에서 나오는 말인데 '빨라서 좋다'는 뜻이 담겨 있다. 이 여관은 '싸서 좋고 즐거워서 좋다'는 것으로 유명하다. 그러나 다와라야가 교토를 대표하는 여관이 된 지금은 결코 가격이 싸다고 보기는 어렵다.

손님을 가족처럼 대한다

다와라야 여관은 주인, 아내, 어머니 세 사람의 관점에서 경영된다. 세 사람의 역할이 모두 다르다. 주인은 여관 전체의 경영, 아내는 여관 전체의 디자인, 어머니는 여관의 음식을 책임지고 있다. 주인 사토 토시 씨는 대학에 다닐 때부터 여관 일을 배우기 시작하여 시설 개보수와 종업원 관리 등을 지금까지 해 오고 있다. 아내는 가구의 배치, 각 방의 꽃꽂이, 정원 손질과 디자인 등을 책임지며 어머니는 30가지 이상 되는 음식 재료를 구매하는 것에서부터 조리와 서비스에 이르는 과정을 책임진다. 전문화된 분업이다.

여기에 다와라야 여관은 손님이 외출할 때 신발을 미리 찾아 대기해 놓고 문간까지 나와서 배웅한다. 손님이 외출에서 돌아오면 마치 아내가 나가서 남편을 맞아들이는 것처럼 잰걸음으로 달려나가 방으로 안내한다. 뛰어난 서비스와 섬세한 안목으로 손님을 가족처럼 대하는 것이다. 이 여관의 정원에 서면 단풍이 물든 아타고愛宕 산이 보여 적막한 산간에 있는 기분이 들 정도이다. 풍경의 서비스이다. 일본 여관의 특징 중의 하나가 온천이다. 좋은 온천일수록 그림보다 아름다운 노천온천이 있으며 욕조도 사람의 몸에 좋은 히노키잣나무 탕 등 다양한 탕이 갖춰져 있다.

이 여관의 객실 수는 총 18실이며 정원은 50명이다. 소란하지 않고 늘 조용하고 정갈한 분위기를 낸다. 대신 값은 비싸서 1인당 요금은 1박 2식에 무려 4만 6,000만 엔부터이다.

문화를 만들어 고객을 창출한다

310년 향가게 쇼에이도

가라스마도리烏丸通의 대로변에 아주 깔끔하고 우아한 향 가게가 하나 있다. 쇼에이도松榮堂는 일본 최고의 향 가게이자 역사와 관록이 있는 점포이다. 이 가게에서는 일본에서 생산·판매되는 수백 종류의 향을 팔고 있다. 일본은 향 소비가 많은 나라이다. 전국의 수십만 개 사찰에서 매일 부처님 앞에 향을 피운다. 또 대웅전 입구의 향로에서는 굴뚝을 때는 것처럼 향을 많이 피운다. 우리나라 사람들도 많이 관광하는 도쿄의 아사쿠사 절 앞의 지하철 정거장에서 나오면 아사쿠사 대웅전 앞 향로에서 피우는 향 냄새가 500미터 떨어진 거리에까지 진동할 정도이다.

그곳뿐 아니라 일본의 큰 신사에 가도 어김없이 향냄새가 코를 자극한다. 또 웬만한 가정집에서도 집 안에 조상의 위패를 모셔놓고 매일 아침 향을 피운 후 기도하는 광경을 볼 수 있다. 이처럼 일본은 전국의 수십만 개 사찰, 신사, 가정집에서 향을 피워 향 가게가 많을 수

쇼에이도 교토역점 외경

밖에 없고 향의 종류가 매우 다양하다. 그러나 향의 용도는 이것이 전부가 아니다.

일본인들은 전통 복장인 기모노를 입을 때 옷 속에 향 주머니를 넣어 냄새가 나게 하기도 하고 편지를 보낼 때도 향냄새를 묻히며 명함 지갑 속에 향 가루 봉지를 넣어 명함에서 향냄새가 풍기게 하기도 한다. 또한 다도를 할 때도 향을 피워 거의 일상생활이나 다름없다. 이처럼 향을 일상화시킨 것은 일본이 전 세계에서 거의 유일하다.

일본 향을 크게 구분하면 다섯 종류로 나눌 수 있다. 선향線香, 소향燒香, 말향抹香, 도향塗香, 연향練香이다. 선향은 우리나라에서도 일반적으로 사용되고 있는 성냥개비처럼 가느다란 향을 말하고 소향은 절에서 흔히 태우는 향을 통칭하는 말로 일반적으로는 선향과 말향을 태우는 것을 말한다. 말향은 가루 상태의 향으로 보통 침향과 매실나무로 만든 것이다. 도향은 여러 종의 향을 섞어 물에 개어 만든 향이며 연향은 한약재를 섞은 향을 말한다. 이러한 향들은 각기 사용처가 다르다. 이처럼 다양한 향이 일본에 자리 잡기 시작한 것은 역사가 깊다.

향은 만병통치약이자 정신 통일에도 효과가 좋다

베트남의 대표적인 산물로 흑침향이라는 것이 있다. 베트남에서 나는 흑침향 중 300년 묵은 것은 20센티미터 정도 길이에 두께, 다시 말해 지름이 5센티미터 정도면 약 3억 원을 웃돈다. 무게로 치면 금값의 20배 정도에 해당하니 어마어마하게 비싼 셈이다. 본래 침향은 열대산 팥꽃나무과의 침향나무에서 채취한 향목을 말한다. 그중에서 가장 유명한 향목은 이킬라리아 아갈로차라는 높이 30미터의 나무이다. 이 나무는 동남아 지역에서 자라는데 나무줄기에 칼로 상처를 내면 거기에서 스스로 치료하기 위한 수액이 분배되는데 그걸 땅에 오랫동안 묻으면 침향이 된다. 이 침향은 땅속에 오래 묵은 것일수록 값이 비싸다. 스스로 상처가 나 땅속에 오랫동안 묻혀 있던 침향의 값은 금값보다 수백 배 비싸진다.

침향이 비싼 것은 그 향이 가지고 있는 치료 성분 때문이다. 일본 사람들은 향을 자기 몸의 아픈 곳에 자꾸 쐬려고 하는데 그것이 몸에 좋기 때문이다. 침향 속에는 벤질 아세톤, 테르펜, 고급 알코올 성분이 들어 있다고 알려져 있고 천식, 구토, 허리 통증, 무릎 통증 등 관절염에 효과가 있다고 한다. 그 외에도 정신이 맑아지고 강장 효과가 있는 등 거의 만병통치약으로 알려져 있다. 심지어 과거 전국시대에는 전쟁터에 나가는 장수가 출정하기 전 정신 통일을 위해 향을 맡고 갑옷에 묻히고 나가기까지 했다.

현재 동남아에서 생산되는 침향 중에 가장 비싼 침향은 베트남산이다. 그만큼 효능이 있기 때문이다. 베트남산 침향이 좋다는 소문이 나면서 전 세계에서 찾는 사람이 급증하다 보니 요즘은 베트남 정부에서 판매를 통제하고 있기까지 하다.

일본인들이 침향의 효과를 알게 된 것은 아주 오래된 일이다. 538년 백제에서 불교가 일본에 전래될 때 향이 함께 일본에 건너갔고 이후 593년 일본의 스이코推古 천황 때 아와지마 섬에 침향나무가 떠 있는 것을 발견하여 불을 붙여보니 그 향이 멀리까지 퍼져서 그 나무를 조정에 바쳤다는 기록이 『일본서기』에 기록되어 있다.

일본에서 가장 큰 절인 도다이지東大寺의 보물 창고 쇼소인正倉院에는 길이 1미터 56센티미터에 두께 43센티미터에 무게 11.6킬로그램이나 나가는 거대한 침향이 보관되어 있었다. 그 침향이 몸에 좋다는 것을 안 일본 정계의 실력자들은 침향 일부를 떼어내 자신의 몸에 쐬기도 했다. 무로마치 시대의 쇼군이었던 아시카가 요시마사足利義政, 난세의 영웅이라 불리던 오다 노부나가, 메이지 천황이 그랬다. 특히 오다 노부나가는 길이가 약 3센티미터에 두께 43센티미터짜리 두 개를 떼어 내어 향을 맡았으니 몇 달간 그 향을 맡은 셈이다.

또 일본을 천하 통일한 도쿠가와 이에야스는 1606년에 베트남으로 무역을 떠나는 일본 상인들에게 편지를 써서 주었다. 그 편지는 베트남 국왕에게 보내는 것인데 귀국의 침향을 얻고 싶으니 상인들 편에 보내달라는 내용이었다. 베트남 국왕은 그 편지를 보고 수백 킬로

그램의 최고급 흑침향을 보내주기까지 했다. 이처럼 침향은 오래전부터 일본의 상류 사회에서 애용되었던 물건이다. 상황이 이러하다 보니 일본에서는 오래된 향 가게가 많다. 그중 대표적인 향 가게를 고르라면 역시 쇼에이도이다.

향을 직접 개발하고 판매해서 경쟁력을 높인다

쇼에이도가 1705년에 창업해 올해로 312년째를 맞는다. 창업주인 하타로쿠사에 몬모리키티畑六左衛門守吉가 사사야笹屋라는 노렌발을 걸면서부터이다. 본래 그는 단파丹波, 오늘날 효고현의 단파 시마을의 이장이었는데 장사꾼이 되기 위해 교토로 상경하여 향 가게를 차렸다. 창업자인 그와 아들은 남이 만든 향을 받아다가 팔면서 가게를 이끌어가다가 3대째인 손자 대에 가서 중흥하기 시작한다.

3대인 모리게이守經는 교토 천황가의 주수직主水職으로 일하고 있었다. 주수직이란 주수사 밑에서 궁궐에 물과 얼음을 공급하는 관리였다. 특히 겨울에 호수나 강에서 얼음을 잘라 빙실에 보관했다가 여름에 꺼내서 황실에 공급하는 일을 했다. 우리나라로 치면 겨울에 한강의 얼음을 잘라다 서빙고나 동빙고 등에 보관한 것과 같은 이치이다.

이 주수직은 생각보다 굉장히 어려운 일이었다. 한여름 내내 천황, 황실 가족, 그리고 지체 높은 관리들이 사용하는 얼음의 양이 많아 얼음을 운반하는 구사정驅使丁이라는 관리를 별도로 둘 정도였다. 또 천황이 마시는 물이나 음식을 만들 때 쓰는 물은 그 품질도 품질이려니와 독살 등의 위험이 있으므로 안전에도 신경을 써야 하는 등 쉽지 않았다.

(좌)쇼에이도 본점 현관 (우)쇼에이도 실내

당시 책임자인 주수사는 천황가의 친척이자 장관급인 기요하라 씨 집안이 중세 이래 줄곧 세습하고 있었고 그 아래 우종 8위가 1명, 기타 영사, 사생, 수부, 수호, 직정, 사부, 구사정 등이 있었다. 모리게이는 여기서 수부 책임자인 주수직으로 일했다고 한다. 나름대로 천황궁 내에서 중요한 보직을 맡은 공무원이었던 것이다. 그러나 그는 가업을 잇기 위해 주수직을 그만두고 사사야라는 상호를 쇼에이도로 바꾸고 직접 향을 개발하고 판매하면서 가업을 일으키기 시작했다.

교토식 향으로 승부한다

일본에는 6세기 한반도에서 향이 전래된 이후 16세기 초부터 베트남이나 중국 등에서 향이 본격적으로 유입되면서 마치 다도처럼 향도라는 것이 생긴다. 이를테면 향의 종류가 다양한데 그것을 어떠한 방식으로 향을 피울지, 향구는 무엇을 쓸지, 정신적으로 어떻게 즐길지,

계절별로 어떠한 향이 가장 좋은지 등을 연구하는 학문이다. 그 향도를 연구하는 유파가 매우 많다.

산조니시 사네다카三条西 実隆가 시조인 어가류御家流를 필두로 지야류志野流, 미천류米川流, 풍조류風早流 등 수십 개의 가문이 있다. 이들은 유파에 따라 사용하는 향이 모두 다르며 향 도구도 다르고 향을 음미하는 자세조차 다르다. 그들은 모두 자신들만의 독특한 향도를 만들어 그것을 보급해 왔다. 아래는 그들이 추구하는 '향도십덕'의 내용이다.

향도십덕

1 감격귀신感格鬼神: 향을 맡으면 감각이 귀신만큼 좋아진다.
2 청점심신清淨心身: 향을 맡으면 심신이 맑아진다.
3 능제오예能除汚穢: 잡다한 것이 없어지고 정신이 하나로 통일된다
4 능각수면能覺睡眠: 잠이 잘 오는 것을 느낀다
5 정중성우静中成友: 고요한 가운데 친구가 생기며 고독을 떨친다
6 진리투한塵裏偸閑: 속세의 먼지 속에서 한가로움을 느낀다
7 다이불염多而不厭: 눌린 마음과 삿된 것에서 벗어난다
8 과이위족寡而為足: 적은 것에 만족하게 된다
9 구장불후久蔵不朽: 오랫동안 마음속에 담아 두었던 썩은 것에서 벗어난다
10 상용무장常用無障: 마음속에서 있는 모든 걸림돌에서 벗어난다

향 문화를 살려 가게를 살린다

일본의 향도가 시작된 것은 헤이안 시대다. 이때부터 시작된 향도

로 평안조 향도平安朝香道라고 했다. 평안조 향도는 784년 일본의 수도가 나라에서 교토로 막 천도하면서 시작되었다. 본격적인 향도의 시작이다. 그러나 도쿠가와 이에야스가 1615년 일본을 통일하고 도쿄로 그 본거지를 옮겨가면서 향도 또한 교토 중심에서 도쿄 중심으로 넘어간다. 그 후 도쿠가와 바쿠후의 에도시대는 일본 향 문화의 전성시대로 접어든다.

교토 쇼에이도의 3대 당주는 도쿄 지역의 향도에 대항하는 교토만의 향과 향도 중흥에 앞장서게 된다. 에도의 향도가 격식이 많이 생략되고 단순화되어 향 문화의 전통을 잃어버렸다고 생각했기 때문이다. 그가 가장 바람직한 향도의 본류로 생각한 것은 산조니시 사네다카의 어가류였다. 그는 어가류의 향도와 함께 날로 사라져 가는 교토의 향도를 재정립하면서 교토 향도의 격식과 본류를 재건한다.

이렇게 시작된 3대 쇼에이도의 노력은 그 후 12대 당주에 이르기까지 약 150년간 꾸준히 계속되었고 1893년에는 쇼에이도만의 히트작 '원추형 향수향'을 개발하여 미국에까지 수출하게 된다. 이어 1928년에 쇼와 천황 즉위 기념일에는 수출품 향을 천황에게 헌상해 일본 국민의 주목을 받았다. 1933년에는 미국 시카고 박람회에 쇼에이도 향을 출품하여 우수상을 받기도 하였다. 이어 1953년에는 도쿄 지점, 1960년에는 삿포로 지점, 1990년에는 미국의 콜로라도에 지점을 설치했다. 2007년에는 창업 300주년을 맞았다.

이러한 300년간의 노력은 결국 교토의 향도를 살렸을 뿐 아니라 쇼에이도 자체가 중흥하는 결과를 가져왔다. 오늘날에도 쇼에이도는 교토 향도를 발전시키기 위해 수많은 행사를 열고 있다. 2005년에는 창업 300주년을 맞아 청산향방이라는 향 전문 문화 교실을 열었다. 또 해마다 2월과 8월에는 긴카쿠지銀閣寺의 농청정弄清亭에서 다회와 더불어 향회를 열며 매달 쇼에이도 교토 본점에서 '향을 즐기는 모임'을 열고 있다.

현재 쇼에이도는 일본과 미국 등 총 10개의 지점을 거느리고 있는 일본 최대의 향 가게이다. 일본인만의 향 문화를 세계에까지 확산시킨 것이다. 그들은 3대 당주가 활약하기 시작하던 1707년대부터 2009년에 이르는 무려 300년이라는 기간을 자신들이 만든 향을 인정받기 위해 노력해왔다. 이런 면에서 교토의 상인 아킨도의 정신은 놀랍다. 30, 40년도 아니고 무려 300년을 한길을 걸어온 것이다. 이것이 교토 아킨도의 정신이다.

교토에서 300년이 안 된 가게는 명함을 내밀지 말라는 말이 있다. 그처럼 그 자신이 살아 있는 표본이 되었다. 현재 12대 당주는 하타쇼다카畑正高로 도시샤대 상학부를 나와 1977년 가업을 잇기 시작해서 지금에 이르고 있다. 그는 이렇게 말한다.

"세월의 연륜을 노렌에 각인시켜 향의 역사를 소중히 여기면서 앞으로도 계속 걸어가겠습니다."

지금까지 12대 300년을 걸어온 쇼에이도. 그들은 최소한 앞으로도 12대 300년을 걸어가겠다는 각오를 다지고 있다.

이익이 작아야 가게가 오래간다

600년 메밀국수 가게 오와리야

교토에서 가장 교토다운 메밀국수를 먹으려면 어느 가게로 가야 할까. 정답은 오와리야尾張屋이다. 오와리야는 교토에서 가장 오래된 메밀국수 가게이다. 일단 일본식 전통 가옥에 고색창연한 분위기부터 오래된 관록이 철철 넘친다. 이 가게는 무려 600년 가까운 역사를 가지고 있다.

변화하는 맛 공부를 게을리하지 않는다

1465년에 과자를 만들던 장인이 메밀국숫집으로 바꾸면서 영업을 시작했다. 본래 그는 오와리나고야 지방에서 교토로 온 사람이었다. 당시 손님은 유서 깊은 절의 승려 혹은 사무라이들이었다. 오와리야가 명성을 날리게 된 것은 돈원사라는 절에 오색 메밀국수를 납품하면서부터이다. 그러다가 에도시대에 들어 천황가에 메밀국수 요리사로 들어가 한때 일하면서 영업을 했다. 오와리야는 지금도 천황가 사람들이 교토에 내려올 때면 찾아오는 명소로 유명하다. 11년 전에는 지금 천황의 둘째 아들인 아키시노미야秋篠宮 부부가 직접 찾아와 메밀국수를 먹고 갔다. 37년 전에는 현재의 천황이 방문했을 때 일행과 함께와서 20인분을 주문해서 먹기도 했다.

"시간이 바뀌어도 사람이 바뀌어도 우리 집의 노렌은 달라지지 않습니다. 중요한 것은 시대에 따라 맛에 대한 공부를 게을리하지 않는 것입니다. 언제나 메밀국수의 향이 풍부한 음식을 손님에게 제공하려고 노력하고 있습니다. 과거나 지금이나 메밀국수 재료는 일본 국내산 중에서도 가장 상질의 것만 사용하고 있으며 첨가물은 일절 없습니다. 메밀국수 본연의 맛을 내는 것을 목표로 하고 있죠."

요즘에는 찾아오는 손님에게 판매하는 일 외에 고객들이 친지에게 나눠줄 포장 메밀도 판매하고 있다. 오와리야의 메밀국수 국물 맛은 홋카이도에서 나는 다시마로 만들고 있으며 거기에 가다랑어 가루인 가쓰오 부시를 섞어서 만든다. 현재의 주인은 교토 본연의 맛인 담백한 맛을 유지하는 데 주력하고 있다. 상질의 메밀국수는 단백질이 풍부하며 비타민 B1, 비타민 B2, 루틴 성분이 함유되어 영양가가 풍부할 뿐만 아니라 혈압을 내리는 효과가 있다. 메밀국수는 흰쌀에 2.5배에 달하는 영양가가 있어 건강과 미용에 효과가 있다고 한다.

현재 주인은 15대째인 이나오카 덴자에몬稲崗傳左衛門이다. 1945년 교토에서 태어나 도시샤대 경제학부를 졸업한 후 도쿄 긴자에 있는 유명한 빵집 기무라야木村屋 본점에서 2년간 근무하며 공장 관리를 배우기도 했다. 기무라야는 1860년대 개업한 빵집으로 일본에서 처음으로 팥빵을 만들어 팔았다. 일본 천황가에 빵을 공급하는 어용상점

오와리야 외경

이기도 하다. 기무라야 빵집에서 엄중하게 일을 배운 후 가게에서 죽 근무하다가 1993년 부친이 사망하자 49세부터 64세까지 오와리야를 경영했다(이 주인은 나와의 인터뷰 후 2014년에 별세했음).

최소한의 이익만을 붙이고 싸게 판다

15대 사장은 기본이 식당이므로 불필요하게 사업 영역을 넓히는 것보다는 자신이 관리할 수 있을 만큼만 식당을 늘리는 것을 원칙으로 하고 있다. 현재 지점은 교토 다카시마야 백화점 내와 사조거리 단 두 곳만 가지고 있다. 맛의 관리가 가능할 만큼만 한다는 것이다. 가게의 영업 방침은 박리다매. 최소한의 이익만을 붙이고 싸게 판다는 것이다.

오와리야 현관

오와리야에서 파는 메뉴는 약 50종 정도로 대표적인 음식은 가케소바 360엔, 기츠네소바 683엔, 니신소바청어 메밀국수 1,050엔 등이며 밥 종류도 끼워팔고 있다. 500년 역사를 가진 가게치고는 가격이 비싸지 않았다. 박리다매 경영 철학대로 이익이 한 그릇당 5%가 안 되기 때문에 일본 최고의 관록을 가진 가게치고는 값이 싼 편이다.

요즘은 비수기여서 본점의 경우 8월에는 하루에 약 300명 정도의 손님이 온다. 본점 전체의 종업원은 부엌 조리 부문에 6~7명과 서비스에 10명 등 총 25명이고 두 곳의 지점과 공장까지 합치면 85명이다. 15대 사장의 최대 관심은 전통을 지키는 일, 특히 기술에 뒤떨어지지 않기 위해 늘 공부하고 있지만 만약에 기계를 도입해서 음식 맛이 더 좋아진다면 그것도 도입할 수도 있다는 것이다.

오와리야 메밀

다만 손으로 만드는 것이 아직 더 좋은 맛을 낸다고 판단하고 있다. 문제는 메밀국수에 좀 더 신선한 맛을 제공하는 것이다. 교토의 매력 중 하나는 역시 음식이다. 보통 교토는 엷은 맛이라고 하지만 교토의 맛은 절대 엷지 않다. 엷은 맛이라는 것은 입맛에 따라 다른데 사실은 깊은 것이다. 엷은 맛을 느끼기 위해서는 좀 더 미각이 발달한 혀가 필요하다. 다시 말해 미각이 깊어지면 엷은 맛을 즐길 수 있다.

최근의 문제 중 하나는 구루마야초車屋町 거리에서 몇백 년 된 가옥을 옛 모습 그대로 영업을 하면서 현재 3~5년마다 지붕이나 담장을 수리하고 있다. 그런데 이 가게의 수리 비용이 만만찮아 옛 모습을 지키는 것이 날로 어려워지고 있다.

천연 무공해 지역 재배 메밀과 교토 지하수만을 사용한다

도쿄가 우동 문화라면 교토는 메밀국수를 먹는 문화가 있다. 현재 오와리야에서 사용하는 물은 경도 50도 정도의 연수軟水로 수돗물이 아닌 교토의 지하수만 사용한다. 그렇게 해야만 좋은 국물 맛을 낼 수 있고 부드러운 물로 국수 반죽을 해야 국수 맛이 부드러워지기 때문이다. 도쿄 지방의 경우 200도 전후의 경수硬水를 사용하고 있으므로 좋은 국물 맛이 나오지 않는다. 오와리야는 소바를 반죽하고 삶고 씻는 전 과정에 지하수만을 사용하고 있다.

한편 메밀국수는 홋카이도의 리시리利尻에서 생산되는 것만을 쓰고 있다. 리시리는 홋카이도 초입의 바다와 해발 1,702미터의 리시리 산의 험준한 산세가 만나는 지역으로 인구가 500~600명에 불과한 천연 무공해 지역이다. 일본 내에서 산소와 오존량이 가장 풍부해서 순수한 메밀을 재배할 수 있는 지역으로 손꼽힌다. 사장은 일본 전체와 홋카이도 전역을 답사한 끝에 이 지역을 최종적으로 결정했다.

이처럼 메밀국수를 재배하는 지역을 선정하는 데도 정성에 정성을 다하는 것이 교토 상인이다. 그는 요즘도 해마다 봄가을에는 밭에 직접 가서 그해의 농사를 직접 진두지휘하고 있다. 아무리 바빠도 자신이 생산한 메밀을 고객들이 먹으므로 제품에 책임을 지기 위해서이다.

빈틈없이 세심하지 않으면 공든 탑도 무너진다

오와리야의 이나오카 사장은 강의도 많이 다닌다. 본인 자신이 경제학을 전공하기도 했지만, 600년간 번영해 온 노포의 비결을 알고

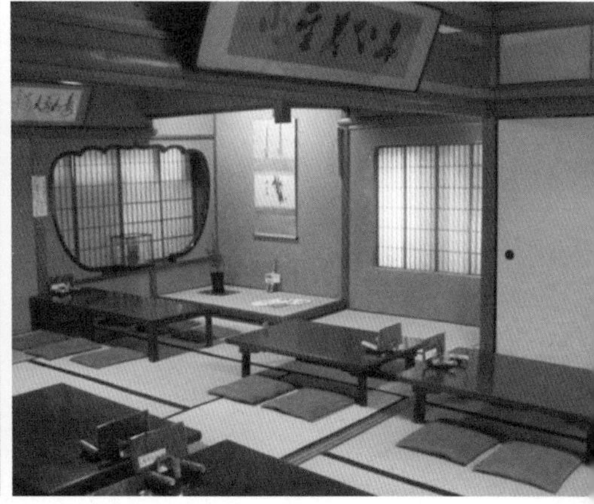

오와리야 실내

싫어 하는 사람들이 많기 때문이다.

"고객으로부터 신용과 신뢰를 얻어라."

그는 강의에서 말한다. 참 쉬운 말이지만 쉽지 않은 말이다. 자신의 가게를 해마다 수십 번씩 찾아오는 고객들이 있는데 그 수십 번 중 단 한 번이라도 오와리야의 음식을 먹고 배탈이 나거나 상한 음식을 먹을 경우, 그것으로 거래는 끝이라는 것이다. 또 종업원으로부터 불친절을 당하거나 주문을 잘못 받아 엉뚱한 음식을 가져다주어도 600년 공든 탑이 일순간에 무너져 내린다는 것이다.

손님이 너무 많아 테이블을 채 닦지 못한 상태에서 손님을 받으면 불쾌한 기분을 가질 수 있다. 또 손님 신발이 가지런히 정리되어 있지 않으면 "돈 좀 벌었다고 사람이 변했군." 하는 말을 듣게 된다는 것이다. 종업원의 발소리가 요란하면 손님의 신경이 거슬리게 되며 주인이 가게를 자주 비우게 되면 손님들이 왠지 섭섭한 감정을 가지게 된다는 것이다.

이처럼 가게 하나를 유지하는 데 수백 가지의 정성을 쏟아야 해서 늘 빈틈없는 세심함을 가지지 않으면 어느 순간부터 가게는 무너져 내린다고 한다. 교토 상인들이 매일 아침마다 가게 종업원들을 데리고 복무 사항을 큰 소리로 세 번씩 복창하는 것은 그러한 자세를 다지고 또 다지기 위해서이다. 백 번을 잘하다가 한 번을 잘못해서 손님이 돌아서는 것을 막기 위함이다.

현재 사장의 나이가 62세이므로 16대 사장이 될 사람, 다시 말해 아들을 소개시켜 달라고 했다. 그랬더니 사장의 표정이 어두워졌다. 자신에게는 딸 둘과 막내로 아들이 하나 있는데 중학교 때 학교에서 이지메를 당해 미국에 유학 갔다가 현재는 뉴질랜드에서 컴퓨터 그래픽 일을 하면서 혼자 살고 있단다. 더구나 아들이 가업을 잇는 일에 별 흥미를 보이지 않아 고민이라는 것이다.

교토 상인은 딸에게 가게를 물려주거나 사위에게 물려주는 일도 흔한 일이다. 그래서 딸에게 물려줄 생각은 없느냐고 물었더니 그럴 생각은 전혀 없다고 한다. 교토의 노포 중에서는 이런 문제 때문에 고민하는 경우도 꽤 있다. 15대 사장은 아들이 자신의 가업을 잇기를 바라면서 아들이 언젠가 돌아와 가게를 이어주기를 간절히 바라는 눈치였다.

이 가게의 재미있는 점 중의 하나는 근처의 쇼코쿠지相國寺라는 절에서 구도하는 스님 10인에게 매일 점심 공양을 무료로 해 주고 있다는 것이다. 쇼코쿠지는 임제종 쇼코쿠지 파의 총본산으로 그 휘하에 그 유명한 킨카쿠지金閣寺와 긴카쿠지銀閣寺 등 100여 개의 말사를 거느린 대사찰이다. 실제로 식당 안에 쇼코쿠지 스님들이 식사하는 모습

오와리야 사장

을 볼 수 있었는데 메밀국수 한 그릇을 먹고 감사한 마음을 담아 공손히 합장하는 스님의 모습이 인상적이었다.

전에 오와리야에서는 쇼코쿠지에서 메밀국수 면을 가져다 달라는 주문을 많이 받았다고 한다. 그것이 인연이 되어 쇼코쿠지에 선조 대대로 불공을 다녔고 스님들에게 늘 감사한 마음을 가지고 있다가 그의 아버지 때부터 스님들에게 무료로 국수 공양을 하고 있다고 한다. 이 밖에도 교토에는 유명한 메밀국숫집이 많다. 예컨대 미선味禪의 경우는 일본의 유명한 영화배우나 탤런트들이 많이 오는 집으로 유명하다.

손님을 빈부에 따라 차별하지 마라

다카시마야 백화점

다카시마야 백화점은 1831년에 창업하여 8,700억 엔의 매출에 7,800명의 종업원을 둔 일본 최고의 백화점이다.

정직하게 팔고 고객을 차별하지 마라

"물건이 좋고 나쁜지를 미리 고객에게 알리고 판매하라." "손님을 빈부귀천에 따라 차별하지 마라."

다카시마야 백화점 창업주 이다신치飮田新七가 후손들에게 당부한 말이다. 흠이 있는 물건을 임시방편으로 속여서 팔지 말고 정직하게 팔라는 것과 옷 입은 행색에 의해 손님을 차별하지 말라는 뜻이다. 오늘날 다카시마야 백화점 경영의 시금석처럼 되어 있는 말이다. 또한 다카시마야의 판매원뿐만 아니라 일본의 모든 상인에게 금과옥조처럼 새겨진 말이다.

다카시마야는 본래 미곡상으로 1831년 10월 1일 교토에서 창업

타카시마야 교토 지점

했다. 다카시마야가 출발에서부터 170년간 성공해왔고 또 약 80년간 일본 최고 백화점으로서 성공을 거둔 비결은 무엇일까. 그것은 단 두 가지의 원칙인 '정직하게 물건을 판다.' '신분에 따라 고객을 차별하지 않는다'는 것이었다. 그런 신뢰 덕분에 오늘날 일본인들에게 다카시마야에서 산 물건이라면 일단 믿는다. 바로 그 신뢰를 쌓는 데 170년이 걸렸고 신뢰 지속을 위해 지금도 노력하고 있다.

포도 한 송이 서비스 정신으로 판매한다

다카지마야 백화점에 이런 일이 있었다. 1986년 3월 초순의 어느 날, 남루한 복장을 한 40대 초반의 여인이 다카시마야 지하 식품부에 들어왔다. 그녀는 포도 두 송이가 놓인 식품 코너 앞에 서더니 한없이 울기 시작했다. 지하 식품부 여직원은 포도 앞에서 울고 있는 아주머니가 이상해서 다가갔다. 그리고는 "왜 우시나요?" 물었다.

여인이 "저 포도를 사고 싶은데 돈이 2,000엔밖에 없어서 살 수가 없어서요"라고 말했다. 그 포도 두 송이의 값은 무려 2만 엔이었다. 여직원은 잠시 고민했다. 포도 한 송이의 가격은 1만 엔이다. 그런데 고객은 2,000엔밖에 없다. 고객은 뭔가 사연이 있는 것 같은데 차마 물어볼 수는 없었다.

잠시 후 그는 가위를 가져와 2,000엔어치를 잘라서 포장지에 곱게 싸서 여인에게 팔았다. 그 여인은 포도송이 2,000엔어치를 사서는 나는 듯이 사라졌다. 그리고 그 두 달 후 5월 14일 자 일본의 마이니치 신문에는 이러한 독자 투고 기사가 실렸다.

'우리에게 신만큼이나 큰 용기를 준 다카시마야 식품부 여직원에게 정말 감사드린다. 내가 치료하던 11세의 여자아이는 비록 죽었으나 마지막 소원인 포도를 먹었다. 그 여자아이는 백혈병 환자로 더 이상 치료해봤자 회생의 여지는 없었다. 그러나 마지막으로 포도를 먹고 싶다는 아이의 소원을 어머니는 너무 가난해서 들어줄 수 없었다. 그런데 그 소원을 다카시마야 여직원이 들어준 것이다.'

이 투고 내용의 사연인즉, 도쿄의 변두리 단칸방에 살던 두 모녀가 있었는데 11세 된 딸이 백혈병으로 죽어가고 있었고 마지막 소원이 포도가 먹고 싶다는 것이었다. 어머니는 포도를 사기 위해 백방으로 뛰었다. 그러나 때는 3월이고 아직 냉장 기술이 발달하지 않았던 때로 어디에도 포도는 없었다. 어머니가 마지막에 포도를 발견한 곳은 일본 최고의 백화점인 다카시마야 백화점 식품부였다.

그러나 어머니의 전 재산은 2,000엔. 포도는 두 송이에 2만 엔이었다. 어머니는 딸의 마지막 소원을 들어주고 싶었으나 가진 돈이 없어

하염없이 울고 서 있었던 것이다. 그런데 백화점 식품부 여직원이 그 모습을 보고 가위를 가져와 과감하게 포도를 잘라 판 것이다. 포도송이는 2,000엔어치를 잘라내면 상품으로서의 가치가 사라진다. 그런데도 그 여직원은 손님을 차별하지 않았다. 고객의 요구는 최대한 들어주라는 백화점의 방침에 따라 과감하게 잘라서 판 것이다.

이 사건은 자칫하면 그냥 묻혀버릴 수 있었으나 어린아이의 백혈병 치료를 담당하던 의사가 그 사연을 신문의 독자란에 투고함으로 세상에 알려지게 되었다. 그 기사를 읽은 1,000만 명의 도쿄 시민들은 펑펑 울었다고 한다. 이 일로 인해 다카시마야 백화점은 하루아침에 일본 최고 백화점임이 다시 한 번 입증되었다. 백화점 측이 손해를 감수하면서까지 진정으로 고객을 위한다는 것이 확인되었기 때문이다.

고객이 어떤 문의를 해와도 즉각 해결한다

오늘날 다카시마야는 그 포도 한 송이의 서비스 정신을 판매 메뉴얼에 넣고 사원 교육을 하고 있다. 바로 그러한 정신을 잃지 않기 위해서이다. 그리고 그 일이 있고 난 후 '로즈 클럽'이라는 것을 만들었다. 다카지마야 백화점의 상징은 로즈 장미인데 그때 그 서비스의 감동을 체계적으로 만들 필요가 있다고 판단했기 때문이다. 오늘날 '로즈 클럽'에서는 고객이 어떠한 문의를

대표자 우디 시게루

해 와도 거기에 맞는 서비스를 제공해 준다. 다카시마야의 해결사 팀인 것이다. 다카시마야의 사훈은 '우리의 목표는 친절'이다. 그 말이 결코 구호가 아니라는 것을 그들은 보여준다.

"손님을 빈부에 따라 차별하지 마라."

창업주인 이다신치의 유언처럼 다카지마야는 손님 한 사람 한 사람을 소중히 여기는 상징적인 일화로 여전히 일본 최고의 백화점으로 인정받고 있다.

현장에 신이 살고 있다

호리바 제작소

호리바 제작소는 전후 일본에서는 최초로 성공한 벤처 기업으로 분석 계측 장비업체로서는 세계 1위이다. 창업주 호리바 마사오는 1924년 교토에서 출생한 후 1945년 교토대 물리학과 재학 중 호리바 무선연구소를 창업했다. 일본 최초로 유리 전극식 PH매터 개발에 성공했으며 이 성공을 바탕으로 1953년 호리바 제작소를 창업했다. 직원들에게 박사 학위를 장려하며 자신도 1961년에 의학박사 학위를 취득하기도 했으며 1978년 회장에 취임한 후 현재까지 경영하고 있다.

3분을 야단치기 위해 3시간 동안 고민한다

호리바 마사오도 아주 특이한 개성을 가진 경영자이다. 호리바 마사오 사장의 어록 중에 이런 말이 있다.

"나는 3분을 야단치기 위해 3시간 동안 고민한다. 야단이나 꾸중을

본사 외경

할 때는 분명히 의욕이 떨어지고 생산성의 저하가 따른다. 따라서 야단치는 사람은 신중해야 하고 3시간을 투자할 정도로 곰곰이 생각하는 열정이 있어야 한다. 이것이 바로 야단치는 법이다."

남의 말에서 답을 찾지 마라

"어떤 문제가 발생했을 때 남의 말에서 대답을 찾아서는 안 된다. 대답은 모두 자기 자신 안에 있기 때문이다. 나는 심각한 고민에 빠졌을 때 남의 말을 듣지 않는다. 고민이 클수록 내 마음을 들여다 보는 것이다.

최근에는 인생의 중요한 사안을 결정하면서도 별로 깊이 생각하지 않고 남의 말을 들으려는 사람들이 많아진 것 같다. 남의 말을 들은 다음에 신중하게 고민해서 결론을 낸다면 상관없다. 그러나 별다른 고민 없이 남의 말에 따라 그대로 행동하는 것은 문제이다. 따라서 남의

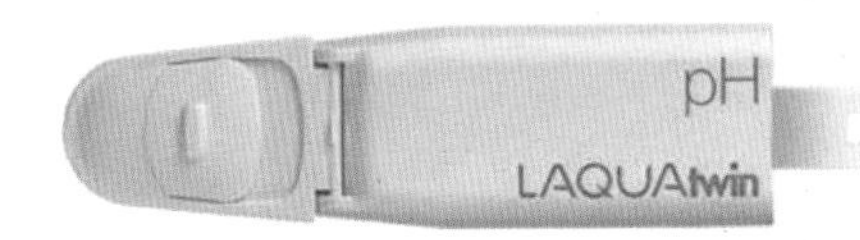

호리바 상품

말을 듣지 마라."

호리바 마사오의 경영 철학 중 특이한 것은 회사의 역량 중 70%는 이익을 내는 데 쓰고 나머지 30%는 새로운 사업에 도전하는 데 사용한다는 것이다. 당장 이익도 중요하지만 30% 역량을 미래를 위해 투자하는 것이다. 호리바 제작소의 사훈은 '재미있고 즐겁게Fun & joy'이다. 호리바 제작소가 그러한 사훈을 만들자 그 회사의 이사들조차 사장을 이상한 사람으로 보기 시작했다고 한다. 호리바 회사 내부에서 건물 유리창을 바라보면 호리바HORIBA가 아니라 아비로ABIROH라 보인다. 이렇게 회사명을 붙여놓은 것은 고객의 입장에서 일하겠다는 결의 때문이다.

호리바 제작소에는 일 잘하는 사람과 못하는 사람의 구분이 있다. 일 잘하는 사람이란 적이 없는 사람, 다른 사람을 칭찬하는 사람, 모르는 것은 무엇이든지 질문하는 사람, 새로운 것을 좇아다니는 사람, 좋은 생각이 번뜩이는 사람, 아날로그식 발상이 아니라 디지털식 발상을 하는 사람이다.

아날로그식 발상이란 과정도 평가의 대상이라고 생각하는 것이고 결과만이 중요한 것이라고 생각하는 것은 디지털식 발상이다. 디지털식 발상을 하기 위해서는 모든 일에 대해서 자기 나름대로 기준치를 정해놓고 시행하는 것이다. 예컨대 5대 5일 경우에는 '노'를 해야 하며 7대 3이라면 '예스'를 해야 한다고 정해놓고 그것을 결정 기준으로 삼는 것이다.

일을 잘 못하는 사람은 자주 불평을 하는 사람, 부하직원을 야단치지 않는 사람, 접대를 좋아하는 사람, 분위기 메이커를 자칭하는 사람, 옷차림에 신경을 쓰는 사람을 말한다. 이러한 사내 분위기의 이면에는 이 회사의 사훈인 '재미있고 즐겁게'가 있다. 회사 생활이 즐거워야 아이디어가 샘솟기 때문이다.

블랙 잭 형사 시스템

호리바에서 유명한 것 중의 하나가 '블랙 잭 형사' 시스템. 사원 중에서 똑똑한 사원을 선발하여 이른바 블랙 잭 형사를 임명했다. 블랙잭이란 포커 게임으로 카드 3장, 혹은 5장을 받아서 합계가 21이 되거나 그에 가까우면 딜러의 숫자와 비교해서 이길 수 있는 확률이 높은 게임이다. 블랙 잭 형사는 기업 스스로 만든 이름으로 우리말로 다시 바꾸면 '윈 게임' 정도에 해당한다. 회사는 블랙 잭 형사를 각 부서로 파견하여 해당 부서의 간부들이 하루 시간을 어떻게 쓰는지 조사해 보라고 했다.

블랙 잭 형사가 회사의 기술 개발 기술자를 상대로 일과 8시간을 어떻게 사용하는지 시계를 들고 조사해 본 결과 그들은 하루 중 5시간 정도만 본연의 설계 업무에 몰두하고 나머지 시간은 회의, 전화 통화, 화장실, 농담, 흡연, 커피 등으로 사용하고 있다는 것을 알게 된다. 회사 측에서는 이러한 시간 낭비를 줄이고자 유리 칸막이를 설치하고 사무실 내의 모든 전화기를 철거하고 한 대만 남겨두었다. 그리고 모든 기술자에게 불필요한 전화 연결, 즉 집이나 친구 등에게서 오는 전화는 전화 당번을 두어 연결시키지 않는 한편, 전달 사항은 메모지에 적어 건네는 시스템으로 바꾸었다. 그 결과 기술자들은 연구 개발에 하루 7시간까지 몰두할 수 있게 되었다. 결국 블랙 잭 형사 시스템은 그 의미 그대로 시간 절약 게임에서 윈이긴 했다.

사장 호리바

또 하나는 '현장에 신이 살고 있다'는 현장 중심주의이다. 현장을 자세히 들여다보면 거기에 문제와 답이 모두 있다는 것이다. '모든 업무 시간을 무조건 반으로 줄여라'와 같은 '타임 원 하프' 제도도 특이하다. 어떤 일이든지 그 작업 시간을 절반으로 줄이려고 하면 줄어든다는 것이 이 회사의 생각 중의 하나이다.

실제로 그러한 방침을 실행하고 나서 업무 시간을 절반으로 줄인 경험이 있다. 업무 시간을 절반으로 줄이기 위한 방편 중의 하나는 '중요한 일은 오전에 하라'는 '집중 타임제'이다. 아직 힘이 있고 정신이 맑은 오전에 집중적으로 매달리면 업무 시간을 절반으로 줄일 수 있다는 것이다. 이러한 특이한 경영 방침은 사장인 호리바 마사오의 유연한 사고 덕분이다. '재미있고 즐겁게'라는 사훈을 채택할 정도의 유연성이 사내 분위기를 창조적으로 만들고 세계 최고의 창의적 기업으로 만든 것이다.

4장

역발상으로 경쟁력을 높여라

음식점에서 음식을 아웃소싱한다

300년 요정 이치리키차야

교토에는 다섯 개의 요정 거리가 있다. 기온코부祇園甲部, 기온히가시祇園東, 미야카와초宮川町, 본토초先斗町, 가미시치켄上七軒이다. 기온코부는 에도 초기인 1600년대 야사카 신사八坂神社 문전에서 영업하던 오차가게들이 기생 거리로 변한 것이 시작이다.

그 후 기생 거리가 정부로부터 공인받으면서 약 500개의 요정이 번성하기 시작했다. 에도 말기인 1800년대 중기에는 거기서 근무하는 예기게이샤, 무기마이코: 새끼 기생, 창기노래 등 7,000명 이상이 있었다고 한다. 1950~1960년대가 되면 이러한 기생집이 150개로 줄고 거기에서 근무하던 게이샤도 600명으로 줄어들게 된다.

근래에는 훨씬 더 줄어들어 기생이 100명 이하로 떨어졌으나 최근 다시 회복되어 약 70~80명 정도가 근무한다고 한다. 오늘날 기온코부는 과거와 비교해 많이 쇠퇴하기는 하였으나 지금도 여전히 일본 최고의 기생 거리로서 명성을 날리고 있다. 그 수많은 요정 중에서 최

이치리키차야 외경

고는 단연 이치리키차야一力茶屋이다.

시대의 흐름과 함께하며 변화하다

이치리키는 1700년 초기에 개업한 요정이다. 이 요정이 이름을 날리기 시작한 것은 1863년 이른바 메이지 유신의 중심 인사들이 여기서 모여 도쿠가와 바쿠후를 토벌하는 모의를 하면서부터이다.

당시 이 요정에는 당대의 지사들이 모여 바쿠후 타도를 모의하곤 했다. 요정의 9대 당주인 마쓰우라시로 미기에몬이 그들과 뜻을 같이하는 존왕양이尊王攘夷파였기 때문이다. 존왕양이파란 말 그대로 하면 일본 천왕을 숭상하고 서양 오랑캐를 무찌르는 파벌이라는 뜻이다. 당시 도쿠가와 바쿠후는 1854년 미국의 페리 제독에게 일본이 지금까지의 통상수교거부 정책을 버리고 문호를 개방한다는 일미수호 통상조약에 서명했다. 이어 영국, 프랑스, 독일, 러시아에도 문호를 개방하게 된다. 이후 일본에는 서양의 관리나 장사꾼들이 물밀 듯이 밀려들어 왔다. 그들은 일본에서 각종 사업을 벌이게 된다.

요정거리 분위기

메이지 유신의 지사들은 이러한 도쿠가와 바쿠후의 정책에 반대해 도쿠가와 바쿠후를 무너뜨리고 지금까지 천왕어소宮에서 식물인간처럼 지내던 천왕에게 실권을 주자는 사람들이었다. 그들은 대개 하급 사무라이들이었으나 그중에는 이미 서양의 문물을 접해 본 경험이 있는 인사들도 있었다. 결국 이들은 1868년 사실상 쿠데타인 메이지 유신을 일으켜 도쿠가와 바쿠후의 마지막 쇼군인 도쿠가와 요시노부를 끌어내리고 메이지 천황을 새 시대의 실권자로 추대하여 새 시대를 열었다. 이후 이 요정에 출입하던 인사들은 거의 전부 메이지 정부의 고관대작들이 된다. 이처럼 메이지 유신의 주역들이 모이던 요정이었던 만큼 그 자존심은 하늘을 찔렀다.

이치리키의 9대 당주는 그들에게 새 시대를 맞아 근대식 아동 교육의 필요성을 주장하여 일본 최초의 초등학교를 설립하였고 이치리키도 고관대작들이 문전성시를 이루어 전성시대를 맞이하게 된다. 이치리키는 이처럼 전통 있는 요정이므로 메이지 유신 이후 130년이 지난 1990년대 초반까지 일본 정·재계의 실력자들이 자주 찾았다.

철저히 회원제로 운영되며 계산은 후납이다

본래 이 요정에서는 손님이 손님인 만큼 요리값, 공연비, 화대 등 그날의 유흥비를 모두 요정에서 손님 대신 치르고 나중에 손님이 내는 시스템을 유지하고 있다. 100년 이상 이어온 전통이다.

그날 유흥을 대접하는 사람은 손님이 보는 앞에서 계산하는 행동을 하지 않는다. 그날의 술값은 1~2개월 후 우편으로 통지되고 그때 접대비를 계산한다. 이 시스템은 손님과 업소 간의 신용을 담보로 한다. 따라서 이치리키의 손님이 되려면 재력은 물론 신용이라는 자격이 필요했다. 실제로 이치리키는 철저한 회원제로 운영된다. 회원이 되려면 회원 중 최소한 한 사람의 추천이 필요하다. 또 회원의 자격도 대학에서는 총장급, 대기업은 사장급 이상, 공무원은 장·차관급 이상, 정치가는 3선 국회의원 이상, 예술가는 노벨상 수상자 등이었다. 실제로 과거 일본의 총리대신치고 이 요정에 안 와본 사람은 거의 없을 정도이다.

그러나 이러한 전통은 일본의 거품 경제가 깨지면서 바뀌게 된다. 우선 손님에 대한 문호의 대방이다. 과거에 고관대작이나 유명인 등 사회적 지위가 높은 사람만이 들어갈 수 있었지만 이제는 일반인들에게도 대문이 열렸다. 여전히 누군가의 소개가 있어야 출입할 수 있다. 하지만 과거처럼 높은 신분의 고객만이 갈 수 있는 곳은 아니다. 가격도 과거 1인당 30만 엔 수준이었던 것이 지금은 10만 엔 선으로 대폭 낮추어졌다. 바뀐 것은 가격뿐이 아니다.

가부키 「주신구라」의 제7막을 팔다

「주신구라忠臣藏」는 일본 최고의 가부키이다. 「주신구라」가 오랜만에 막을 올리면 문화계가 술렁이고 관객들은 열광한다. 「주신구라」는 일본 가부키계의 '독삼탕毒蔘湯, 기사회생의 묘약'으로 불린다. 가부키가 침체에 빠졌을 때 올리면 가부키계 전체가 살아날 정도로 인기 있는 대표작이다. 「주신구라」는 1988년 서울 올림픽 때 국립극장에서도 공연된 적이 있다. 그 내용을 요약하자면 다음과 같다.

지방의 성주였던 아사노 나가노리浅野長矩는 도쿄로 불려 와 쇼군의 성에 매일 출퇴근한다. 쇼군의 의전담당 기라 요시나카吉良義央는 남몰래 아사노의 아내를 탐내고 있었는데 좀처럼 틈이 보이지 않자 어느 날 아사노에게 아내의 치마폭에 싸여 정신을 못 차리고 있다며 모욕을 준다. 아사노는 참고 참았다. 그러나 우물 속의 붕어 같다는 기라의 모욕에는 더 이상 분을 참지 못하고 그만 칼을 빼 들고 머리를 내려친다. 다행히 기라는 부상만 당하고 죽지는 않았다. 그러나 쇼군은 성에서 칼을 뺀 것은 모반에 해당한다며 아사노에게 할복자살을 명한다.

아사노는 붉은 네 송이 장미가 네 귀퉁이에 꽂힌 두 장짜리 다다미에서 할복한다. 그는 숨이 끊어지면서 최고 가신家老 오이시 구라노스케大石内蔵助에게 눈빛으로 뭔가를 당부한다. 오이시는 주군인 아사노의 초상을 치르고 괴로워한다. 주군의 눈빛이 의미하는 것이 무엇인지를 알기 때문이다. 그러나 그것은 너무나 엄청난 일이었다. 그는 기온의 요정 이치리키에서 매일 술을 마시며 술로 나날을 보낸다. 그때 아사노의 부하들이 이치리키에 찾아와 오이시를 타박하며 일을 결행하자고 의분을 보인다.

결국 오이시와 47인의 사무라이들은 기라의 저택을 급습하여 기라의 목을 잘라 아사노의 무덤에 바친다. 아사노의 눈빛이 의미한 대로 복수를 한 것이다. 하지만 얼마 후 오이시와 47인의 사무라이 전원에게 할복자살하라는 쇼군의 명령이 떨어진다. 결국 47인 사무라이 전원은 할복하고 아사노 가문은 멸망했다.

바로 그 오이시가 술을 마시면서 방황하던 요정이 이치리키이다. 그에게 복수를 결행하자고 부하들이 찾아온 곳이 이치리키이다. 그것이 「주신구라」의 제7막 부분이다. 그런데 정말로 오이시가 이치리키 요정에서 술을 마시며 방황한 내용이 「주신구라」에 있는가는 의문이다. 「주신구라」은 워낙 대본의 종류가 많고 지방에 따라 스토리가 조금씩 다르기 때문이다. 이치리키 측은 「가나데혼 주신구라仮名手本 忠臣蔵」에 따랐다고 하고 있다.

음식점에서 음식을 아웃소싱한다

매년 3월 21일은 그 오이시가 할복자살한 제삿날이다. 이날 이치리키에서는 「주신구라」의 제7막이 공연된다. 일본 전 국민이 마치 우리나라의 「춘향전」처럼 다 알고 있는 이야기이다. 그래서 그중의 제7막만 공연해도 앞뒤의 내용은 다 안다. 이치리키는 3월 21일에 미리 손님들을 초대하거나 예약을 받아 공연하고 공연 후에 음식과 술을 판다. 요정의 무대는 불단을 치운 곳이어서 손바닥만 하지만 역사의 현장에서 「주신구라」를 보는 관객의 감회는 남다르다.

이치리키는 큰 요정이지만 그날 수백 명 손님의 음식을 모두 만들기에는 역부족이다. 따라서 모든 음식은 전체가 아웃소싱이다. 과거에도 이치리키는 고관대작들을 상대했기에 메뉴를 전문 요리점에 의뢰했으나 지금은 음식 전부를 아웃소싱하고 있다. 예컨대 생선회는 생선회 전문점에서, 스테이크는 스테이크 전문점에서, 채소 반찬은 채소 반찬 전문 식당에서 받으며 조개나 게 등 해산물도 산지 직송 전문 식당으로부터 받는다.

이치리키는 300년 역사와 메이지 유신의 지사들이 출입한 역사의 무대로 이후에도 일본 정·재계 사람들이 무시로 출입한 자존심 센 곳이다. 그러한 그들이 모든 음식을 아웃소싱한 이유는 무엇일까.

실내

전통을 중시하면서 또 새로운 것을 도입한다

한 달에 두 번씩 전체 메뉴를 바꾸려면 막대한 인력과 노력과 노하우가 있어야 한다. 아웃소싱해서 전문 식당에 맡기는 것이 음식도 더 훌륭할 뿐 아니라 직접 하는 것보다 돈이 적게 든다. 교토의 상인들은 전통을 중시하지만, 또 그 반면에 새로운 것을 기가 막히게 잘 도입하는 특징도 갖고 있다. 요정 이치리키 경영의 아웃소싱은 교토의 첨단 기업으로부터 배워온 것이다. 전통 요정이라고 해서 무조건 과거의 전통만을 고집하지 않는 신경영을 보여주고 있는 사례이다.

오늘의 파괴는 내일의 전통이 된다

450년 여관 헤이하치차야

헤이하치차야平八茶屋는 1576년 와카사 가도若狭街道에 닿아 있는 거리에서 차야茶屋라는 이름으로 창업했다. 와카사 가도라면 바로 고등어 길로 유명한 그 길이다. 에도시대 초기까지 찻집인 차야로 영업하다가 에도시대 중기에 이르러 만옥장어 요리 식당을 겸한 보리밥을 파는 식당 차야가 된다. 그 후 여관을 겸하면서 요릿집이 되었고 1860년경 교토에서 헤이하치차야 여관으로 재탄생하였다.

교토 요리의 진수를 보여준다

헤이하치차야는 일본 근대 소설의 아버지이자 『나는 고양이로소이다』의 저자 나쓰메 소세키夏目漱石나 도쿠도미 로카德富蘆花의 소설에 등장하는 주인공의 이름이다. 헤이하치차야는 동쪽으로는 히에이잔 산과 서쪽으로는 고야천 강물이 내려다보이는 교토의 북쪽 경승지에 있다. 사계절 꽃이 피는 정원에 테이블이 있어 거기에서 식사한다. 창업

헤이하치차야 외경

한 지 450년 된 오래된 식당의 대표적인 음식은 보리밥 정식이다.

봄의 특별 요리로는 이세 지방에서 나는 새우 요리 정식으로 1인분에 11만 엔이다. 새우 요리 정식은 금가루를 뿌린 두부, 붉은색 메기 요리, 이세 새우, 흰 된장국, 산나물, 교토 무 요리, 매실 장아찌, 이세 새우 조림, 새우 산마 조림, 유자 국, 새우구이, 매운 된장국, 붉은 된장국, 나물밥, 차조기 잎 무침, 멜론, 딸기, 수박 등으로 구성되어 있다. 이렇게 다양하게 준비된 요리는 그릇에 올려졌을 때 비로소 요리로서 완성된다.

더하는 것이 아니라 뺌으로써 완성한다

헤이하치차야의 차림상은 빼기의 미학이다. 그릇에 꽉 차게 혹은 철철 넘치게 음식을 담는 것이 아니라 접시 위에 서너 점 정도만 담는다. 조금만 담아야 먹는 사람이 마음의 여유를 느끼기 때문이다. 그릇에 음식을 너무 많이 담으면 심적 압박을 느낀다. 적게 담아야 음식의 색깔과 모양새가 선명해져서 더욱 인상적이 된다. 맛과 향의 적당한 여백. 더하는 것이 아니라 뺌으로써 요리의 미학이 완성되는 것이다.

헤이하치차야 실내

맛있는 것을 조금씩 주는 게 마음의 표현이다

본래 일본어의 '기레이'라는 표현은 '아름다운'이라는 뜻으로 알고 있지만 본래의 의미는 '깨끗하다.' '비어 있다'는 뜻이다. 일본인들은 텅 빈 정원, 잘 정리된 정원을 보았을 때 '기레이'라는 표현을 쓴다. 일본어의 '기레이'라는 표현을 영어로는 '뷰티풀beautiful'이라고 번역하는데 뷰티풀은 꽃이 만개했을 때의 표현이다. 기레이와는 좀 거리가 있는 해석이다. 헤이하치차야의 가이세키 요리는 바로 그 기레이의 절제, 고요, 정감을 담는 정신이다. 일본 사람들은 이것을 '와비사비 절제, 고요의 마음'라고 표현한다.

"맛있는 것을 조금씩 주는 게 마음의 표현이다."

주인의 말이다.

요리사가 되려면 8단계를 거쳐야 한다

헤이하치차야 여관에서 정식 요리사가 되려면 8단계를 거쳐야 한다. 헤이하치차야는 종업원을 뽑을 때 첫 번째 조건으로 기본자세가 되어 있는가를 본다. 머리에 노란 물을 들이고 오거나 장발을 하고 온 응시자는 아무리 실력이 뛰어나다고 하더라도 헤어 스타일을 바꾸지 않으면 채용되지 않는다.

15년간 엄격한 도제식 훈련을 받고서야 요리사가 된다

이렇게 입사한 사원들은 설거지하기를 거쳐 채소 다듬기, 생선 씻기, 생선 가시 빼기, 생선 칼질, 국물 만들기, 채소 반찬 만들기 등의 과정을 모두 거쳐야 정식 조리장이 될 수 있다. 또한 신입사원은 손님에게 인사하기와 손님과 대화하는 요령 등을 배운다. 이때까지 걸리는 시간은 통상 15년에서 20년이다. 한 과정에서 최소 1년에서 8년까지 경험을 쌓아야 한다. 이러한 모든 과정이 완전히 숙달되었다고 판단될 때 그 종업원은 상위 직급으로의 이동이 가능하며 아직도 능력이 부족하다고 판단될 때는 진급시키지 않는다. 그만큼 교토 상가에서의 법도는 엄격하며 도제식 교육은 철저하게 이루어진다.

전통은 지키는 것이 아니라 스스로 만들어 나가는 것이다

헤이하치차야의 주인은 소노베 헤이하치園部平八 씨의 경우도 1948년에 교토에서 태어나 명문 리츠메이칸대를 졸업한 후 교토의 전통 여관 긴시近新에서 요시오카吉岡 씨로부터 3년간 배웠다. 교토 상인들의 특징 중의 하나가 남의집살이를 3년 정도는 해본다는 것이다. 남의 집에 가서 밥을 먹어봐야 세상살이의 어려움을 알기 때문이다. 또 아버지가 아들을 직접 가르치는 것보다 남의 집에서 더 엄격

헤이하치차야 요리

하게 교육받기를 바라기 때문이다. 소노베 헤이하치 씨는 36세가 된 1983년에 남의집살이가 끝내고 헤이하치차야 여관의 20대 주인으로 취임하였다. 그 후 25년간 헤이하치차야 여관을 경영하면서 자신만의 경영 철학을 다듬었다.

"나는 노렌을 지킨다는 말은 하고 싶지 않습니다. 지킨다는 말 속에는 스스로 쇠퇴한다는 뜻이 담겨 있습니다. 노렌에는 혁신이라는 말뜻이 없습니다. 요즘 시대는 릴레이로 달리는 시대가 아닙니다. 다음 주자에게 바통을 넘기는 것이 아니고 다음 주자가 스스로 다른 바통을 만드는 것입니다. 음식도 똑같은 음식을 제공하는 것은 의미가 없습니다.

17대 선조의 경우, 은어 요리를 만들기도 하였습니다만 저는 어린 조기 요리를 부활시켰습니다. 처음에는 은어 요리가 매상의 90%를 점하였지만 20년이 지난 현재는 조기 요리가 매상의 90%가 되었습니다. 따라서 전통을 지키는 것이 아니라 스스로 만들어 나가는 것으로 생각합니다."

21대 주인 소노베와 저자

이처럼 그는 시대의 변화를 미리 읽고 거기에 대처해왔다. 일본의 여관은 통상적으로 전통을 파는 곳이지만 전통을 고수하는 것만이 옳은 것은 아니라는 것이다. 그런 생각에 따라 그 역시 살아오면서 나름대로 벤처적인 기질을 가지고 퓨전 식당을 차리는 등 새로운 사업을 벌이기도 했다.

'오늘의 파괴가 내일엔 전통이 된다'는 교토 상인의 혁신 기질이 그의 가슴속에 살아 있었던 것이다.

신상품을 만들어 판로를 개척한다

300년 금박가게 호리킨 박분

일본 사람들도 홍콩 사람들만큼 금을 좋아한다. 유명한 교토의 긴카쿠지金閣寺는 금으로 도배한 전각이다. 정확하게 말하면 금칠을 한 것이 아니라 금박 판을 입혔다. 1950년 그 절의 수도승은 '너무나 아름다운 것이 미워서' 거기에 불을 질러 버렸다. 그걸 소재로 쓴 소설이 미시마 유키오三島由紀夫의 유명한 단편 소설 『금각사』이다. 그때 대대적인 금박 작업이 한 번 있었고 1987년에도 다시 한 번 금박 작업이 있었다. 1987년 공사의 경우, 건물 전체에 가로세로 10.7센티미터의 정사각형 금박 판을 20만 장가량 붙였다. 무려 7톤의 금이 소요됐다.

오사카 성 7층에 가면 도요토미 히데요시가 만든 황금 다실이 있다. 차를 좋아했던 그는 황금 다실을 만들어놓고 안에서 다회를 열었다. 황금 다실을 만드는 데도 약 40만 장의 금박 판이 쓰였다. 무게로 치면 14톤가량이다. 도요토미 히데요시가 너무 화려한 황금 다실을 만들자 다도 스승이었던 센노리큐는 "다도는 검소 정신의 발현인데 사치가 극에 달했다"고 비판했다가 할복자살을 명받아 죽었다. 오사카 신사이바시에는 그 황금 다실을 본뜬 오키라는 선술집도 있다. 오키는 실내가 온통 금판이다.

1만 분의 1밀리미터 두께를 만든다

일본은 1,000여 년 전부터 금박 기술을 가지고 있었다고 한다. 금박 기술이 본격적으로 발전하기 시작한 것은 1600년대 이후다. 도요토미 히데요시는 임진왜란 때 가나자와에서 출병하는 성주 마에다 토시이에의 부하들에게 조선의 금박 기술자를 잡아오라고 명령했다. 그는 포로로 잡아온 조선의 금박 기술자를 데려다 가나자와에 살게 했다. 그 후 일본의 금박 기술은 급속도로 발전한다.

오늘날 가나자와는 교토와 더불어 금박 기술의 메카다. 가나자와에 가타니라는 금박 업체가 1600년대에 문을 열었다고 하지만 기록이 남아 있지 않고 1899년 문을 열었다는 기록만 있다. 따라서 기록에 나타난 가장 오래된 금박 가게는 1700년에 창업한 교토의 후쿠다 금박이고 이어 1711년 교토에서 호리킨 박분堀金箔粉이 개업했다. 호리킨 박분은 교토 시내 데리마치 거리 윗길 대로변에 있다. 가게에는 쇼윈도가 설치된 10평 남짓한 매장이 있고 그 안에 사무실이 있다. 이 가게 매장에서는 자전거, 벽시계, 프린터, 노트북, 기타, 골프공(홀인원 기념) 등 각종 기념품에 금박을 입혀 팔고 있다.

호리킨은 우리가 흔히 아는 금도금 가게가 아니라 금을 얇게 펴서 물건에 금박을 입히는 회사다. 이처럼 금을 얇게 펴는 기술을 '박타지'라고 한다. 금박의 두께는 금을 몇 번 두드렸느냐로 결정된다. 일

호리킨 박분 외경

본 금박 기술은 10원짜리 동전 크기의 금을 1만 번 정도 두르려 다다미 한 장 넓이로 만들 수 있다. 1만 분의 1밀리미터 두께로 펴는 것인데 그 정도 두께면 콧김에도 날아갈 정도다. 호리킨은 매상의 95%를 콘덴서, 인쇄용 프린트 기판, 상품 포장지, 고급 건축 자재 등 납품 분야에서 올려 왔다. 일반 가정집에서 사용하는 식기, 초콜릿, 과자 포장지, 금으로 쓴 글씨가 필요한 특수 분야 등에서도 독보적인 입지를 구축해 왔다.

통상 금박 제품은 금 96%, 은 3%, 동 1%의 합금을 의미한다. 그러나 호리킨은 순도 99.9%의 금박을 만들어냈다. 하지만 금박 산업만을 가지고 회사를 운영하기에는 벅찼다. 뭔가 새로운 돌파구가 필요했다. 그들은 20년 전부터는 일본 청주 병 속에 금가루를 넣기 시작하면서 몸에 해로운 구리 함유량을 아예 없애고 99%의 순금가루를 개발해 청주 병 속에 넣었다.

호리킨 상품

금가루를 청주 속에 넣으면 미관상 아름답다. 또한 금은 류머티즘 치료에 특효약이 되기도 한다. 청주를 좋아하는 중년 세대는 관절이 약해지므로 의학적으로도 타당성이 있다. 또 근래에는 생선초밥에 금가루를 뿌려 먹기도 한다. 이 경우 가격이 비싸지지만 아름답고 관절염 치료에도 좋아 인기 만점이다. 이렇게 소주와 청주 병 속에 금가루를 넣는 것은 대단한 인기를 끌었고 금가루의 수요는 폭발적으로 늘어났다. 새로운 시장을 연 것이다.

새로운 시대에는 새로운 제품을 만들어야 한다

호리킨은 최근 한국 등 다른 나라의 금박 기술이 일본과 대등한 수

호리킨 상품

준까지 발전하자 새로운 사업에 도전했다. 최근 들어 화장품 대기업에 금가루를 납품하고 있으며 독자적으로 금가루가 들어간 화장수, 금가루 입욕제, 금 비누 등을 직접 만들어 판매하고 있다. 금박 스프레이는 개당 350엔부터다. 그중 비싼 것은 개당 2,000엔으로 교토의 게이샤나 젊은 멋쟁이 여성들이 사용하고 있다. 금가루가 들어간 입욕제 '황금의 청춘'은 11년 전부터 소비자에게 판매하고 있다. 이것들은 젊은 여자 사원들이 낸 아이디어를 수용해 성공한 경우다.

최근에는 젊은이들이 자신만의 차별화된 휴대 전화를 갖고 싶어 한다는 점에 착안해 휴대 전화 케이스나 버튼 등을 금박으로 장식하는 새로운 사업을 시작했다. 과거와는 달리 시대에 맞게 사업 다각화를 시도하고 있는 셈이다.

"전통은 혁신의 연속이다."

2004년 새로 취임한 10대 사장 호리치 유키의 말이다. 그는 요즘 같이 변화가 빠른 시대에는 새로운 상품을 개발해 판로를 개척해야 살아남을 수 있다고 보고 있다. 지난 300년간 10대를 내려오면서 가게를 유지할 수 있었던 비결이 뭐냐고 묻자 "금을 취급하는 가게이므로 신용 제일과 무차입 경영이다."라고 대답했다. 지금까지 300년간 자신의 가게는 단 한 번도 금의 순도나 함량을 속인 적이 없어 쇠를 금이라고 말해도 소비자가 믿을 정도의 신용을 지켜왔다는 것이다.

호리킨 박분은 지난 300년간 단 한 푼의 빚도 없는 무차입 경영을 지켜오고 있다. 빚이 없는 경영에 철저하면 절대 리스크가 없다는 것이 집안 대대로의 경영 방침이다. 이렇게 하면 회사의 발전은 느리다. 대신 늘 안전한 경영을 할 수 있다는 판단이다. 무차입 경영의 결과 발생한 이익으로 2003년에 기요미즈데라 앞에 있는 니넨판에도 지점을 냈고 2004년에는 오사카와 이탄 시 공항 안에 새 점포를 개설했다.

호리킨 박분의 제품은 교토 특산품인 인형, 칠기, 회화 재료, 부채 등에도 사용되고 최근에는 약품, 과자, 술 등 식품에도 금박이나 금분이 쓰이고 있다. 호리킨 박분은 이런 금박 제품 외에 은제품과 알루미늄 등을 얇게 편 제품도 생산 판매한다. 그리고 장식용 금박 전사지와 각종 금속 분말 가루 등 분야에도 진출했고 자동차 타이어의 휠 밸런스에 쓰이는 금박도 납품하고 있다. 한국 화장품 회사에서도 이 가게의 금박 제품을 사용하여 현재 약 2,000여 종의 제품을 만들고 있으며 좀 더 폭넓은 제품을 개발 중이다. 호리킨 박분은 300년의 역사에도 현재 자본금 1,000만 엔에 50여 명의 종업원으로 회사를 유지하고 있다.

교토의 가게들은 점포의 확장이나 신규 개설보다는 현재 가지고 있는 가게에 만전을 다하는 자세가 있다. 욕심을 내지 않고 100년이고 200년이고 꾸준히 노력하다가 잉여 자본이 생길 때 점포를 늘리거나 새로운 분야로 진출한다는 것이다.

"넓은 마음으로 멀리 보라."

호리킨 박분의 9대 사장의 말이다. 당대에 승부를 걸려고 하지 말라는 뜻이다. 현대 경영의 관점에서 보면 매우 지루한 경영 방식이지만 안정적이고 기술 진보가 끊어지지 않는 장점을 가지고 있다.

스토리 마케팅으로 차별화한다

330년 떡가게 니시오 야츠하시

교토를 찾는 관광객은 1년에 6,500만 명이다. 교토의 인구가 150만 명이니까 그 40배가 넘는 관광객이 몰려드는 셈이다. 특히 교토는 가모가와 강변의 벚꽃 놀이로 유명한 봄과 산젠인三千院 절의 단풍철에는 그야말로 인산인해이다. 벚꽃 놀이나 단풍철에 교토를 찾는 관광객들은 꼭 기요미즈데라에 들른다. 연간 1,700만 명이 들른다는 한다. 일본 관광객은 물론이고 한국 관광객들의 필수 코스이기도 하다. 그러다 보니 기요미즈데라 앞에는 각종 기념품 가게, 떡집, 식당, 반찬 가게 등이 성업 중이다.

바로 이 기요미즈데라 입구에 유명한 떡집 세 곳이 있다. 니시오 야츠하시西尾八橋, 쇼고인 야츠하시聖護院八橋, 이츠즈 야츠하시井筒八橋이다. 이 세 가게는 기요미즈데라 앞뿐만 아니라 교토 역 상가 앞에도 공동으로 가게를 운영하고 있고 교토 시내에 지점은 물론 백화점 식품부와 호텔 입구 등 곳곳에서 눈에 띈다. 특히 웬만한 호텔의 프론트 데스트 옆 자그마한 판매대에는 기모노를 입은 '유코'라는 아리따운 여성의 그림이 그려진 떡이 있다. 바로 그 떡도 니시오 야츠하시 떡가게의 상품 중 하나이다.

기요미즈데라 앞에서 유난히 극성스럽게 접시에 떡을 담아 관광객들에게 떡을 먹어보라고 권하는 떡집이 있다. 니시오 야츠하시 떡가게이다. 그러나 이 떡집의 역사가 300년 넘는다는 것을 아는 사람은 많지 않다. 이름이 비슷비슷한 세 야츠하시 가게 중 원조는 1687년에 문을 연 니시오 야츠하시이고 두 번째가 1689년에 문을 연 쇼고인 야츠하시이고 세 번째는 그보다 한참 후인 1805년에 문을 연 이츠츠 야츠하시이다.

니시오 야츠하시 떡가게는 1687년 교토를 여행하는 여행자들을 위한 흰떡가게로 출발해 지금은 교토의 명물이 되었다. 흰떡 반죽을 도깨비 형상의 나무틀에 넣어 눌러 만드는 방식으로 수백 가지 떡을 생산한다. 지금은 교토 내에 10개의 지점을 가지고 있다. 본점은 과거 그대로 옛 전통 가옥에서 떡을 만들어내고 있다. 현재는 14대 사장인 여성 니시오 요코가 경영한다.

휴대용 떡 파는 가게로 출발해 계속 변신한다

1687년 교토의 쇼고인聖護院이라는 유서 깊은 절 앞에 니시오 야츠하시라는 떡가게가 문을 열었다. 쌀가루로 만든 간단한 흰떡이었다. 이 떡은 도쿄에서 여행 온 사람들이 휴대식으로 들고 다니면서 먹을 수 있도록 한 것이다. 당시 교토에는 유명한 사찰들이 많았으므로 그 사찰이나 신사 등에 참배를 하러 온 관광객이 많았다. 일본 사람들은

니시오가 있는 기요미즈데라

절과 신사를 많이 참배하면 할수록 자신에게 복이 더 많이 온다고 생각한다. 그래서 밥 먹는 시간을 아껴 수많은 절과 신사를 돌아다녔다. 특히 나이가 들어 죽을 날이 가까워져 오면 일본 내의 유명한 절과 신사를 돌아다니며 자신을 수양하고 집안의 안녕을 비는 수행자가 많아진다.

쇼고인도 순례 코스로 유명한 절이다. 바로 그런 순례자들을 겨냥해서 창업한 것이다. 그 2년 후에는 근처에 쇼고인 야츠하시가 문을 열었다. 본래 야츠하시는 사람 이름이다. 그는 쇼고인 근처에 살면서 가야금을 켜고 작곡도 하는 장님 예술가였다. 밤마다 가야금을 켜면서 평생을 보냈는데 한밤중에 울리는 그의 가야금 소리가 하도 절절해서 동네 사람들의 심금을 울렸다고 한다. 그가 작곡한 가야금 곡 중

니시오 실내

「육단조六段調」「팔단조八段調」「윤설輪舌」 등은 지금까지도 명곡으로 이름이 높고 '일본의 바하'라고 불리기까지 한다.

그는 살아생전에 집안이 가난해서 먹을 것이 없어 우물가에 나와 버려진 쌀알을 주워 밥을 지어 먹곤 했다. 그런데 근처의 오차가게 주인이 그 쌀에 꿀과 계핏가루를 버무려 떡을 만들어 먹는 방법을 가르쳐주었다. 이 떡이 바로 야츠하시 떡의 원조이다. 그는 그렇게 살다가 세상을 떠났다. 그런데 그의 가야금 소리를 그리워하던 사람들에게 그가 만들어 먹었다는 야츠하시 떡을 가야금 모양으로 만들어 팔기 시작하면서 대 유행하게 된다. 그 무렵 탄생한 떡집이 니시오 야츠하시와 쇼고인 야츠하시이다. 이 두 가게의 떡은 참배객들의 휴대용 대용식이 되어 나날이 번창했다.

이후 1805년 이츠즈 야츠하시가 창업하면서 야츠하시라는 이름을 가진 떡집이 세 곳이 된다. 이 가게는 서로 치열한 경영을 하면서 발전해 나갔다. 니시오 야츠하시는 12대째인 1889년 니시오 다메오 사무가 파리 만국 박람회에 자신들이 만든 떡을 출품하여 은상을 받아서 세계에 그 이름을 날리기 시작한다. 덕분에 1905년경에는 교토를 대표하는 명물 떡으로 자리 잡게 되어 전국에 이름을 알리게 됐다. 1920년경에는 일본 천왕이 교토를 방문했을 때 니시오 떡을 시식함으로써 그 이름을 더욱 확고히 하게 됐다. 니시오 떡은 떡 안에 녹차 가루를 넣은 것이 특징이다.

스토리 마케팅으로 소비자의 마음을 사로잡아라

1947년경 야츠하시 떡은 꿀과 계피가 아니라 팥소를 넣은 떡으로 변형된다. 그 떡의 이름은 유기리夕霧. 떡을 만들어 판 가게는 후발 주자인 이츠즈 야츠하시였다. 이츠즈 야츠하시는 이때 이미 이른바 스토리 텔링으로 승부를 걸었다.

유기리는 교토에서 이름을 날리던 21세의 아리따운 기생이었다. 그녀는 부유한 기모노 가게 주인인 23세의 유부남 이츠즈와 사랑에 빠진다. 결국 둘은 만나면 늘 먹던 야츠하시 떡을 나누어 먹고 강에 함께 투신자살해서 생을 마감한다. 이 이야기는 소설가 긴마쓰몬 사에몬近松門左衛門이 쓴『구루와분쇼廓文章』라는 소설이다. 1734년에 이츠즈 가문에 있었던 실화를 바탕으로 쓴 것이다.

후발 주자인 이츠즈 야츠하시는 자신 집안의 과거 이야기이자 소설에 나오는 기생 여주인공의 이름을 딴 '유기리'라는 제품으로 승부를 건다. 이때 아예 제품의 내용물도 바꿔 꿀과 계피 대신 단팥을 넣었다. 결과는 폭발적이었다. 여주인공 유기리가 즐겨 먹었던 바로 그 떡의 이야기를 알고 있는 여성 소비자들의 마음을 휘어잡았던 것이다. 그러자 선발 주자인 니시오 야츠하시도 '유기리'의 애칭인 '유코'라는 상품명으로 비슷한 상품을 출시해 시장에 뛰어들었다. 현재도 두 제품은 치열한 각축전을 벌이고 있는데 거래처가 더 많은 니시오 야츠하시가 마케팅 면에서 앞장서 가고 있다는 중평이다.

매년 새로운 떡을 만들면서 끊임없이 현대화한다

아무튼 이 세 가게가 만드는 야츠하시 떡은 교토에서 판매되는 떡 중에서 가장 판매량이 많은 떡으로 자리 잡았다. 현재 선발 주자인 니시오 야츠하시 떡은 교토 내에 총 12개의 지점 외에 수백 개의 떡가게 거래처를 가지고 있으며 최근에는 떡 카페를 교토 역사 안에 개설하여 젊은이들의 미각을 사로잡고 있다. 기존의 떡이 아닌 프랑스의 크레페와 같은 스타일로 떡을 만듦으로써 젊은이들에게 신선하게 다가가고 있다.

니시오 야츠하시의 소비자 공략 아이디어 중에 '오차의 시간'이라는 것이 있다. '바쁜 일상 속에서라도 차 한 잔과 떡 한 개를 먹을 수 있는 시간을 갖자.'라는 의미에서 벌이는 일종의 캠페인이다. 이 캠페인은 바쁜 현대인들에게 자신을 돌아보게 하는 의미가 담긴 신선한 충격이었다. 차 한 잔과 떡 한 개를 먹을 수 있는 잠깐의 여유가 현대인들에게 필요하다고 느껴졌기 때문이다. 전통적인 떡가게이지만, 그들은 현대와의 조화를 끊임없이 추구하고 있는 것이다. 니시오 야츠하

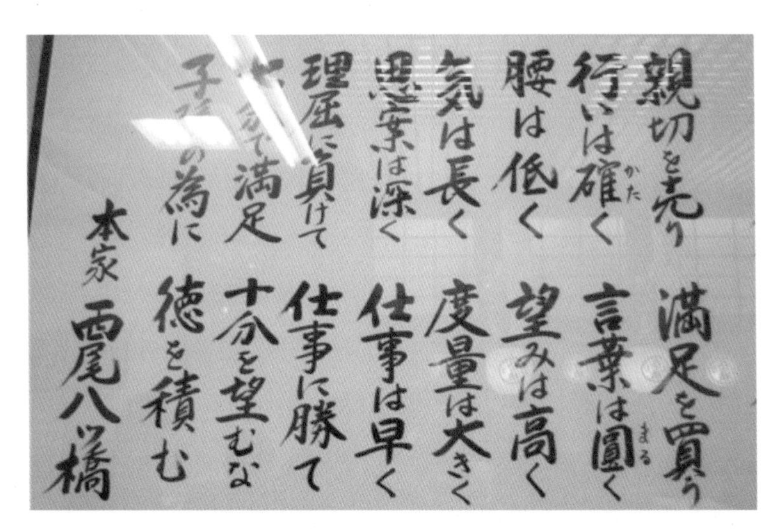

니시오 가훈

시는 1년에 약 16종류의 떡을 새로 만들어 팔면서 끊임없이 떡의 현대화를 추구하고 있다. 하루에 3,000명이나 관광객이 찾아온다. 그런 니시오 야츠하시 기요미즈데라 지점 안에 들어서면 현액이 하나 걸려 있다.

니시오 야츠하시 가훈

- 친절을 팔고 만족을 사라
- 확실하게 행동하고 말은 둥글게 하라
- 허리는 낮추고 목표는 높게
- 마음가짐은 길게
- 도량은 넓게
- 생각은 깊게
- 일은 빠르게

- 원칙에는 지고 승부에는 이겨라
- 70%에 만족하고 10%를 바라라
- 자손을 위하여 덕을 쌓아라

400년 전 선조가 후손들에게 당부한 말이다. 여기엔 교토 상인들이 지켜야 할 모든 덕목이 다 포함되어 있다. 지난 400년간 니시오 야츠하시는 바로 위의 당부를 마음에 새기면서 지금까지 열심히 떡을 만들어 팔고 있다.

눈앞의 이익이 아닌 미래를 본다

닌텐도

100년 전의 화투 생산 회사 닌텐도. 닌텐도가 설립된 것은 1899년이다. 지금으로부터 100여 년 전이다. 처음에는 서양식 트럼프와 화투를 생산했다. 화투는 본래 일본의 것이 아니라 포르투갈에서 전래된 것이다. 이것을 일본인이 개량해서 국민 오락으로 보급한 것이다. 바로 그 화투를 처음 생산해 낸 회사가 닌텐도였다.

화투와 트럼프의 제조 발매를 시작한 닌텐도는 일본이 점차 근대화됨에 따라 운동기구로 옮아갔고 사무용 기구와 육아용품 등을 생산하다가 1980년대 들어 게임기 업체로 대성한 기업이다. 특히 지난 1989년에 발매된 「게임보이」는 가히 전 세계에서 폭발적인 인기를 누리면서 전 세계 게임 시장을 장악했다.

「게임보이」는 발매 후 2003년까지 약 1억 5,700만 대가 팔린 세계적인 베스트셀러였다. 그러다가 세가가 게임 시장에 뛰어들었고 이어 소니와 마이크로 소프트까지 가세해서 게임시장은 나누어 가졌

닌텐도 외경

다. 이에 따라 닌텐도는 게임기용 휴대 전화 「게임보이 어드밴스」를 2003년 4월에 출시 약 2,000만 대의 판매를 목표로 하면서 후발 업체인 노키아의 「N게이지」를 가볍게 따돌리면서 승승장구하고 있다.

승승장구의 이유는 닌텐도의 「게임보이 어드밴스」가 99달러인 데 비해 「N게이지」는 무려 299달러이기 때문이다. 가격은 큰 차이가 나는데 거기에 탑재된 게임 내용은 별 차이가 없다. 두 회사의 제품 모두에 세가, 티비젼, HQ 등의 게임이 탑재된 것이다. 여기에 힘입어 닌텐도는 올해도 약진 중이다.

일본 다이와 종합 연구소는 '20년째 불황을 겪고 있는 와중에서도 최고 실적을 내는 기업들'이라는 보고서에서 일본의 10대 기업을 언급했다. 1위는 카메라 제조 업체인 캐논이었고 2위가 혼다기연, 5위가 도요타 자동차, 6위가 소니, 7위가 닌텐도였다. 일본의 대부분 기

상품

업들의 실적이 후퇴하는 가운데서도 닌텐도 등 10개 기업은 여전히 성장하고 있는 것으로 나타난 것이다. 그만큼 닌텐도는 진취적인 기업이다. 실제로 닌텐도는 2014년 기준 5,498억엔의 매출에 481억 순이익도 냈다.

닌텐도의 경영 철학

이익보다 존속

다시 말해 눈앞의 이익보다는 멀리 미래를 보고 사업을 하라는 것이다.

양보다 질

많이 판다고 좋은 것이 아니라 좋은 품질의 물건을 만들어야 한다는 것이다.

분업하라

자기 혼자 모든 것을 다 하려고 하지 말고 '백지장도 맞들면 낫'듯이 함께 연구해서 보다 더 좋은 아이디어를 낼 수 있도록 하라는 것이다. 또 최대한 아웃소싱해서 자신의 회사가 갖지 못한 남다른 상상력을 빌려오는 것이다.

3대 사장 히로시 야마우치

안전과 간편

회사는 몸이 무거우면 안 된다. 빚이 많으면 빚의 무게에 눌리므로 경영 초기부터 빚에 의존하는 경영은 하지 말아야 한다는 것이다. 이것이 안전이다. 물건은 쓰기 쉽고 편리해야 한다. 아무리 기능이 다양해도 조작이 간단하지 않은 것은 소용없다는 것이다.

회사의 얼굴을 지켜라

장사는 10, 20년 하다가 그만두는 것이 아니고 적어도 몇백 년을 해 나가야 하는 것이다. 따라서 회사의 이름을 더럽히는 일, 소비자들로부터 신뢰를 잃는 일체의 행위를 해서는 안 된다는 것이다. 닌텐도는 말한다. "사람에게 인격이 있듯이 회사에도 사격이 있다." 회사의 얼굴에 자긍심을 가지고 그 품위를 잃지 말아야 한다는 것이다.

인재를 길러라

교토에는 수도였던 옛날부터 전국 각지에서 수많은 인재가 모여들었다. 괴짜, 반골 등 다양한 인재들이 교토에 상경했는데 그 인재들의 장점을 잘 키워야 한다는 것이다. 그러한 다양한 장점들이 새로운 제품을 만들고 기업의 새로운 개성을 창조한다는 것이다.

끝으로 닌텐도는 말한다.

"이렇게 열심히 했는데 안 되는 것은 어쩔 수 없다. 운은 하늘에 맡기고 전력을 다해서 일하면 된다."

여성을 아름답게 하는 것을 판다

와코루

와코루는 1946년 츠카모토 고이치塚本行一가 종업원 10명으로 창업한 여성용 속옷 전문 회사이다. 2014년 3월 기준 자회사 38개와 관련 회사 8개로 구성되어 있으며 종업원 수는 1만 5,600명이며 매출은 1,632억 엔이다.

츠카모토 고이치는 본래 그 집안은 시가 현 출신이지만 조부가 교토로 이사 가는 바람에 교토에서 태어나 살게 되었다. 그의 부친은 시가 현의 유명한 하치반 상업 고등학교를 나와 교토에서 장신구와 잡화를 팔았다. 아버지가 장사하던 점포에서 그는 여성용 물품을 팔고 사는 기초를 이미 터득했다. 그의 아버지는 여성용 속옷도 판매했는데 그것이 그의 고등학교 2학년 무렵이다.

츠카모토가 여성용 속옷 가게를 만든 것은 제2차 세계대전이 끝난 그 이듬해였다. 전쟁터에서 돌아온 츠카모토는 교토의 작은아버지 집에 인사하러 갔다. 당시 가게를 운영하고 있던 작은아버지는 목걸이를 팔고 있었는데 세일즈맨과 상담 중이었다.

그가 작은아버지에게 "이런 시대에도 목걸이를 사는 여성이 있나요?"라고 물었다. 그러자 작은아버지는 "시대가 험해도 여성들은 자기 몸을 빛내는 일에는 시간과 돈을 아끼지 않는다."라고 자신만만하게 대답했다. 츠카모토는 반신반의했으나 자신도 목걸이 장사를 해야겠다고 생각하고 방문 판매에 나섰다. 뜻밖에도 가정주부와 아가씨들에게 목걸이는 날개 돋친 듯 팔렸다. 그때 츠카모토는 깨달았다.

본사 외경

"여성들은 아무리 가난해도 아름다움을 위해서라면 돈을 아끼지 않는다. 그렇다. 나는 여성을 아름답게 하는 것을 팔겠다."

이것이 바로 여성용 내의 회사 와코루의 출발이다. 그다음 날부터 츠카모토는 혼자서 물건을 가지고 다니며 속옷 행상에 나섰다. 당시 브래지어를 판매하던 상인들은 팽이처럼 생긴 피라미드형 철사 위에 면을 씌운 모양의 브래지어를 가지고 다니면서 팔았는데 그러한 것들은 반품이 굉장히 많았다. 그러나 츠카모토는 그렇게 하지 않았다. 그는 당시 상인들이 가지고 다니는 팽이형 브래지어에 밴드를 연결하여 가슴 밴드로 이름을 붙이고 그것을 팔았다. 당시까지만 해도 여성의 브래지어에는 등 뒤까지 엮는 밴드형 브래지어가 없었기 때문이다. '재미있는 물건을 가지고 다니면서 파는 웃기는 놈'이 그에게 붙은 별명이었다.

사장 대표이사 츠카모토

1949년 그는 본격적으로 화강和江 상사라는 브래지어 회사를 설립하고 일본 최초로 브래지어를 양산 판매했다. 그는 새로운 판매 전략도 만들었다. 바로 속옷 패션쇼였다. 당시는 브래지어나 란제리라는 말조차 일반적이지 않았을 때였다. 하지만 그는 속옷 패션쇼를 열어 당당히 그 입은 모습을 선보였다. 물론 속옷 패션쇼의 고객은 여성으로 한정했다. '아름다워지고 싶다'라는 여성의 심리를 꿰뚫어본 이 패션쇼는 단번에 대성공을 거두었다. 패션쇼의 성공으로 그가 파는 브래지어는 전국적으로 유명한 상품이 되고 매상 또한 많이 늘어났다. 1949년 반년 동안 120만 개가 팔리면서 대 히트 상품이 되었다.

1978년 발매된 '프론트 호크 브라'는 단추를 앞에서 풀어 브래지어를 풀 수 있는 세계 최초의 상품이다. 이 상품이 탄생한 것도 우연이다. 당시 신상품이 나오면 포스터를 찍게 마련이다. 거들 포스터를 촬영할 때 바디라인을 아름답게 보이게 하려고 모델들은 뒷모습의 라인을 강조한 촬영을 하게 마련이었다. 문제는 뒷모습 라인을 촬영할 때 브래지어 뒤의 호크가 보이는 것이 문제였다. 그것이 보이면 여성의 뒷모습이 매끄러워 보이지 않기 때문이다. 카메라맨들은 회사 측에 호크가 보이지 않는 브래지어를 만들어달라고 주문했다.

이렇게 촬영 모델들을 위해서 만든 앞에서 열리는 호크가 달린 브래지어를 상품으로 판매하면 어떨까 하는 생각이 들었고 그것을 시장에 내놓았는데 뜻밖에 반응이 폭발적이었다. 연간 무려 280만 개가 팔리는 대 히트한 것이다. 여성용 속옷 업계에서 1위를 달리는 와코루는 2008년 긴자의 와코루 기아라는 가게에서 새로운 전략을 선보였다. 다른 속옷 업체에서는 저가 전략으로 나오는 데 반해 거꾸로 한 벌에 1만 5,750엔으로 한국 돈 약 23만 원짜리 속옷을 출시한 것이다. 이 속옷은 값이 비싼데도 뜻밖에 손님들로부터 큰 인기를 얻었다.

지난 40년 이상 와코루는 일본 여성의 신체 사이즈를 통계 등으로 측정해왔다. 연간 와코루가 통계를 내는 여성은 3만 5,000명 이상이다. 한 사람의 여성으로부터 158개소를 측정한다. 이른바 마루틴식 측정법이라고 하는 세계 공통의 인체 계측법이다. 사람의 몸에는 158개소의 근육 주름이 있다. 특히 가슴 부분에만 50항목 이상의 측정을 한다고 한다. 이러한 측정은 연령별로 또 나뉘고 그 체형에 맞는 속옷이 개발된다. 현재는 3차원 계측 장치라는 기계를 사용하여 몸의 윤곽선과 단면 등에 관한 여성들의 데이터 약 4만 점을 컴퓨터에 입력시켜 놓고 있다. 일본 1위의 여성용 내의 기업 와코루의 경영 방침 또한 남다르다.

와코루의 경영방식

1 사원이 재산이다. 그들을 받들어라.

2 브래지어를 입어보는 고객에겐 현금 10엔을 주어라.

3 브래지어를 착용한 가슴 속의 온도를 28도로 유지할 수 있게끔 회사의 전 역량을 쏟아부어라.

4 실버 시장은 황금 시장이다. 노인을 젊게 해주는 것처럼 좋은 일이 어디 있는가. 거기서 황금을 캐라.

5 시대가 원하는 몸매로 바꿔줘라.

6 고객을 공주님으로 만들어줘라. 공주 패션이야말로 큰 돈벌이다.

빈틈을 노려라

로옴

"전자 업체가 커지면 커질수록 그 사이에 빈틈은 많다. 우리는 그 빈틈을 노린다."

로옴의 경영 철학이다. 로옴은 1958년 설립된 회사로 2014년 기준 3,046억 엔의 매출에 2만 200명의 종업원을 둔 강소기업이다. 사장은 사토 겐이치로佐藤 研一郎이다. 도쿄에서 태어나 바이올리니스트였던 아버지가 오사카 교향악단으로 오면서 10세 때 오사카로 이사하게 되었다.

수익에 철저하라

대학 재학 시절 라디오 수리점에서 아르바이트하면서 그 당시 라디오 고장의 주원인이 저항기임을 알게 됐다. 그는 대학 졸업 무렵에 저항기 관련 특허를 취득하여 회사를 설립할 원천을 확보한다. 리쓰메이칸대 이공학부를 졸업한 후 1954년 동양전구제작소를 창업한 후

로옴 외경

1969년에는 다이오드와 트랜지스터를 만들었으며 1971년에는 일본의 중소기업으로서는 최초로 실리콘밸리에 IC 개발 거점을 확보하기도 하였다. 1981년에 회사명을 '로옴'으로 변경하였다.

로옴의 주력 제품은 대규모 집적 회로, 콘덴서, 발광 다이오드 및 반도체 레저 등 빛이 나는 모든 물건이며 특히 백색 발광 다이오드 분야를 최종 목표로 하고 있다. 그중에서도 이 회사의 주력 생산품은 주문형 IC이다. 회사 이름이 로옴이 된 것은 전기 회로의 저항인 'R'과 그 단위인 '옴Ohm'을 합친 말로 저항기를 만드는 회사로 출발했기 때문에 붙여진 이름이다.

로옴의 경영 목적은 오직 하나 '수익에 철저하라'는 것이다. 수익만을 추구하다 보니 일부에서는 수전노라는 비판을 받고 있기도 하지만 "수익이 없다면 봉급도 줄 수 없으며 새로운 기계도 살 수 없고 연구개발도 할 수 없다."라는 것이 사토 겐이치로 사장의 30년 이상 된 경영 기본 방침이다. 그는 사원들에게 "적정한 이윤을 확보하라."를 입버릇처럼 말한다.

일본 기업들은 통상적으로 업무 결정이 매우 느린 것이 특징이다. 하지만 로옴의 경우는 점심 때 사장과 임원이 모여서 식사하면서 결정을 내릴 정도로 매우 신속한 것이 특징이다. 로옴 사는 30년 전인 1977년부터 연공 서열제를 폐지하고 연봉제 시스템을 도입했고 또한 성과주의에 따른 인사 임금 제도를 도입했다. 그렇다고 사토 겐이치로 사장이 연구 개발에 등한시하는 것은 아니다.

"언제나 3년 앞을 내다보라."

그가 사원들에게 주문하는 말이다. 지금 당장 목전 앞의 기술보다 3년 후에 팔아먹을 수 있는 기술을 개발하라는 말이다. 로옴은 일본의 기업 중 최고의 성장으로 주목받고 있는 기업이다. 로옴의 경영 방식 중에 특이한 것이 있다. 이른바 '소년야구단 방식' 경쟁 체제가 그것이다.

소년 야구단 방식의 경쟁 체제

소년 야구단 방식의 경쟁 체제란 회계 기법을 동원한 사내 경쟁 시스템을 말한다. 그 시스템의 책임자는 하카타 주니치 전무. 히카타 전무는 별명이 '상금 벌이'인 기술자이자 회계 지식 전문가다. 그는 제출된 서류를 보는 순간 제조 원가와 예산을 한눈에 파악할 수 있는 전문가이다. 덕분에 돈을 벌어다 주지 못하는 연구는 서류 심사 단계에서부터 제외된다.

그의 심사를 거친 사업 계획안이 통과되더라도 매월 월간 순위표를

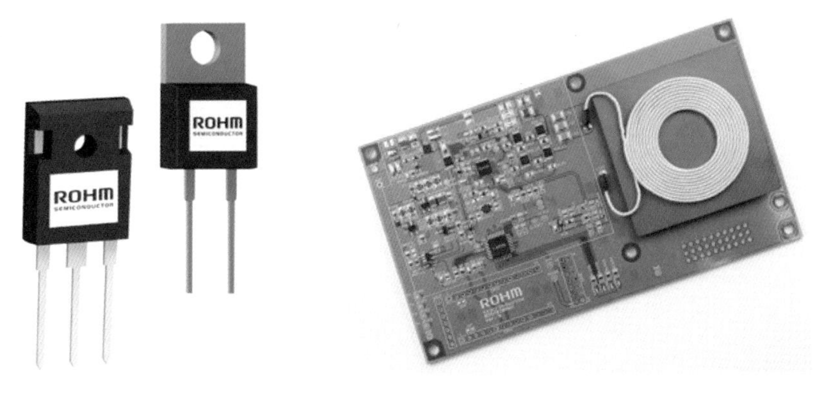

상품

만들어 성적을 매긴다. 부서별, 팀별 실적을 약 20개 항목으로 평가하여 점수를 매긴 뒤 사장을 비롯한 간부 전원이 모인 자리에서 발표한다. 연말에는 그해의 종합 순위를 발표하는데 이 성적에 따라 담당 부서장이 평가받는다. 성적이 좋은 담당 부서장은 최하 수백만 엔에서 1,000만 엔까지의 보너스를 받지만 성적이 나쁠 경우에는 경고를 받거나 좌천되기도 한다.

그러나 단순히 이익이나 매출을 달성한 것만으로 평가하는 것은 아니다. 재무재표, 관리지표도 평가받는다. 주주 자본 이익률, 투하 자본 이익률, 노동 분배율, 투자 회수율, 불량 회수율 등이 그 평가 대상이다. 평가 자료는 매월 회사 전 직원에게 공개한다. 이러한 소년 야구단 방식의 평가회에서 가장 좋은 성적을 낸 팀은 플래카드를 앞세운 채 수상식에 참여하는데 마치 일본 고교 야구로 유명한 고시엔의 입장 모습과 비슷하다. 우승팀에게는 다이아몬드 상을 주고 부상으로 1,000만 엔, 준우승팀에게는 금상과 500만 엔이 지급된다. 이렇게 해서 해마다 약 800명의 직원에게 4억 7,000만 엔의 상금이 지급되었다. 그가 소년 야구단 방식 경쟁 체제를 도입한 이유는 그렇게 해야만 품질제일의 경영 원칙이 지켜지기 때문이다.

그러나 부실 경영을 한 팀에게는 가혹한 임원 문책이 기다리고 있고 인센티브제가 너무 보수적이어서 성적을 내지 못한 사람에게는 사기가 저하되는 등 이 회사의 경영 방식에 비판적인 시선도 많다. 그러나 로옴은 일본 증권 시장 전체에서 주가가 제조업체 전체 순위 2위를 고수할 정도로 여전히 좋은 성적을 내고 있어 비판적인 시선보다는 부러운 시선을 받고 있다.

사토 겐이치로 사장은 매출 5,000억 엔 경상 이익 1,000억 엔을 상시 돌파하는 시스템을 최대 목표로 삼고 있다. 아무리 경기가 어렵다고 해도 매출은 늘 5,000억 엔을 넘어야 하며 영업 이익은 1,000억 엔이 넘어야 한다는 것이다. 이익이 전체 매출의 5분의 1, 다시 말해 20%인 회사는 일본 내에서도 다섯 손가락을 꼽을 정도로 적다. 이러한 경영인의 의지에 따라 로옴은 현재 일본 내 최우량 기업으로 손꼽히고 있다. 또한 이 회사는 1989년부터 2002년까지 주가 상승률이 488.6%로 일본 전체에서 1위를 차지한 바 있다.

로옴의 차기 후계자는 아직 결정되지 않았으나 사토 겐이치로 사장은 고객에게도, 사원에게도 신망이 높은 사람이어야 하며 아수라장 속에서 결단을 내릴 수 있는 지혜와 용기가 있는 사람이라고 말한다. 경영자에게는 운, 노력, DNA가 필요한데 그러한 모든 요소를 갖기가 쉽지 않지만 현재 그러한 후계자를 사원 중에서 찾고 있다.

로옴은 남들이 보기에는 냉혈한같이 보이는 기업이지만 뜻밖에 1991년부터 회사 돈으로 음악 재단을 설립하는가 하면 젊은 음악가

들을 지원하는 일도 해마다 해 오고 있다. 교토시 교향악단을 지원하고 모교인 리츠메이칸대, 도시샤대, 교토대에 음악관과 로옴 기념관이라는 연구 시설을 지어서 기부하는 일을 해 오고 있다.

사와무라 사토시 사장

사토 겐이치로 사장은 회사 사원들 앞에 얼굴을 보인 적이 없고 은행이나 거래처 사람도 만나지 않는다. 심지어는 기자들을 만나기가 싫어서 회사의 주식 상장도 미룰 정도이다. 또 친척의 결혼식이나 초상집에도 가지 않으며 주 5일 근무 중 이틀은 오후 4시 반에 퇴근하는 특이한 성격이다.

사토 겐이치의 경영 철학은 다음과 같다.

1 세계에 하나밖에 없는 기술을 만들어라.
2 수익, 안정성, 기술, 사회 공헌의 네 마리 토끼를 잡아라.
3 개별 기술을 묶어 새로운 기술을 만들어라.
4 인재양성은 365일 하라.
5 환경 보존과 비용 절감은 동전의 양면이다.

5장

쪼개고 쪼개서 극대화하라

젓가락 종류만 400종이 넘는다

260년 젓가락가게 이치하라

니시키 시장 근처에 1764년에 창업한 이치하라市原 젓가락가게가 있다. 천황가에 젓가락을 납품하는 가장 오래된 젓가락가게이다. 창업주인 헤이뵤에平兵衛는 오미상인 출신이었다. 오미는 오늘날 교토와 맞붙어 있는 시가 현의 옛 이름이다. 바로 그곳에서 헤이뵤에는 교토로 올라와 젓가락가게를 시작했다. 그는 말년에 실력을 인정받아 교토 천황가에 젓가락을 납품하는 어용상인으로 지정되었다.

천황가에 물건을 납품하는 어용상인은 아무나 쉽게 될 수 있는 것이 아니다. 수많은 업자 중에서 최상의 물건을 납품하는 상인만이 지정된다. 그는 어용상인으로 지정된 후 천황가로부터 '이치하라'라는 성을 하사받았다. 그래서 자신의 이름 앞에 이치하라를 붙여 이치하라 헤이뵤에로 상호를 바꾸고 이때부터 '이치하라 헤이뵤에'가 이 상점의 정식 상호가 된다.

이치하라 외경

신이 사용할 젓가락을 만든다

오늘날 이치하라 젓가락가게에서는 무려 400종이나 되는 젓가락을 팔고 있는데 용도가 모두 다르다. 일본의 젓가락은 기본적으로 4종류로 나뉜다. 젓가락의 몸통이 둥근 마루丸형, 몸통이 네모난 사각형, 그리고 양구兩口형과 편구片口형이 그것이다. 양구는 젓가락의 양쪽을 다 쓸 수 있는 것을 말하고 편구는 우리도 일반적으로 쓰는 한쪽만 쓰는 젓가락을 말한다. 양구양쪽이 모두 뾰족한 젓가락은 잘 사용되지 않는다. 일반인들은 이 젓가락을 정월, 장례, 제사 등의 때만 사용한다.

정월에는 일본의 설날이 있으므로 명절날에는 양구 젓가락을 사용한다. 또 장례나 제사 때도 이 젓가락을 사용한다. 이 젓가락이 이런 날에 사용되는 것은 신인공식神人共食 때문이다. 한쪽으로는 자신이 음식을 먹고 다른 한쪽으로는 신이 먹는다는 의미가 있다. 이때 사용되는 젓가락은 버드나무로 만들어진다. 버드나무는 속살이 희어서 나쁜 기운을 물리치고 청정한 기운을 준다고 믿기 때문이다.

이 양구 젓가락을 1년 365일 사용하는 단 한 사람이 있는데 바로 일본 천황이다. 일본 천황은 늘 신의 보호 아래 있기 때문에 삼시 세끼를 양구 젓가락으로 신과 함께 식사한다. 천황이 사용하는 양구 젓가락은 버드나무가 아닌 층층나무로 만들어진 젓가락이다. 그는 젓가락을 한 번 사용하고 버린다. 끼마다 젓가락을 바꾸는 것이다. 독살 등의 위험을 미리 방지하기 위한 목적도 있지만, 천황은 모든 소모품을 한 번만 사용하고 버리기 때문이기도 하다.

이치하라 젓가락가게에서도 천황이 사용하는 양구 젓가락을 팔고 있었는데 그 가격은 생각보다 싼 개당 840엔이었다. 여타의 젓가락이 개당 2,000~3,000엔이고 비싼 것은 5만 엔이 넘는 것을 보면 천황이라고 해서 비싼 젓가락을 매번 사용하지는 않는 모양이다.

젓가락을 나누고 세분화한다

일본의 젓가락은 용도와 모양에 따라 수십 종으로 다시 나뉜다. 음식물을 찢을 때, 두 사람 이상이 공동으로 사용할 때, 채소를 먹을 때, 밥을 먹을 때, 생선회를 먹을 때, 튀김을 먹을 때, 콩자반이나 작은 깨와 같은 물건을 집어 올릴 때, 된장국을 먹을 때 사용하는 것이 모두 다르고, 길이나 젓가락 끝의 모양에 따라 또 이름이 다르다. 젓가락을 나무로 만들었는지, 아니면 옻칠을 했는지에 따라서도 다르다.

나무에 옻을 입힌 칠기 젓가락은 1700년대 이후부터 생산되었다. 그 이전의 일본에는 칠기 젓가락이 없었다. 칠기 젓가락은 모양새가

이치하라 실내

수려하여 귀빈접대 등에 쓰기 위해서 만든 것이기도 하지만 젓가락 자체의 강도를 높여주는 효과도 있다고 한다. 젓가락으로 면발이 굵은 국수 등을 먹을 때 칠기 젓가락을 사용하면 쉽게 휘어지지 않는다. 과자를 먹을 때 쓰는 젓가락은 칠기에 은박, 금박 등 다채로운 무늬가 많이 그려져 있는 것이 특징이다. 구로모지黑文字는 과자를 먹을 때 쓰는 칠기 젓가락을 말한다. 젓가락에 고객의 이름을 새겨 넣은 젓가락도 있다. '귀빈을 초대했을 때 그 젓가락에 고객의 이름을 새겨 넣음으로써 손님을 한껏 기쁘게 해주는 것'이다.

젓가락으로 음식 맛을 살린다

젓가락의 재질이나 문양이 모두 다른 것은 식사할 때 음식이 가지고 있는 맛을 최대한 살리기 위해서이다. 젓가락은 길이도 모두 다르다. 통상 8촌24센티미터이 기본이다. 인간의 손이 가장 편리하게 쓸 수 있는 길이가 24센티미터이기 때문이다. 물론 튀김용 젓가락의 경우는 훨씬 길지만, 가정에서 일반적으로 쓰는 젓가락 길이로 24센티미터가 가장 편리하다. 그러나 컵라면 등을 팔 때 끼워주는 젓가락은 수요가 너무 많아 재료를 아끼기 위해 짧게 만들어서 18센티미터이다. 이러다 보니 젓가락의 종류가 무려 400종에 달한다. 한·중·일 3국 중에서 젓가락 문화가 가장 세분화된 나라는 단연 일본이다.

이치하라 젓가락은 1700년대 창업하여 어용상인이 된 이후부터 줄곧 천황가에 젓가락을 납품하다가 고메이孝明 천황 때 납품이 중단된다. 고메이 천황의 아들인 메이지明治 천황 때인 1868년 일본의 수도가 교토에서 옮겨갔기 때문이다. 도쿄로 거처를 옮긴 천황가에서는 도쿄 지역의 가게들에 입찰하여 젓가락을 납품받아 썼다. 그러다가 이치하라 젓가락이 다시 유명해진다. 20여 년 전 쇼와昭和 천황이 교토를 방문했을 때 조상이 쓰던 이치하라 젓가락을 식사 때 준비하라고 지시했기 때문이다. 그다음부터 이치하라 젓가락은 도쿄 간다神田에 있는 쵸쇼著勝 본점과 효고 현의 도다戶田 죽예점과 더불어 어용상점으로 지정되어 있다.

오늘날에는 어용상점으로 지정되어 있다고 해도 반드시 그 가게의 물건만을 쓰지는 않는다. 천황가의 물건을 사들이는 궁내청이 해마다 필요한 물건의 종류와 양을 입찰해서 쓴다.

각자 자신의 세대에서 특징 있는 제품을 개발한다

'쓰지 않는 물건은 판매하지 않는다.'

이치하라 젓가락의 가훈이다. 오늘날 이치하라 젓가락가게에서는 약 400여 종의 젓가락을 팔고 있지만 실제 생활에서 쓸 수 있는 것만 판다. 이치하라 젓가락 중에서 가장 인기를 끌고 있는 상품은 미야코 바시와 헤이안 바시 두 종류이다. 이치하라 젓가락은 지금까지 8대를 이어오면서 각자 자신의 세대에서 한 가지의 특징 있는 젓가락을 개발해왔다.

그중 하나가 미야코 바시라는 대나무 젓가락이다. 이 젓가락은 150년 이상 된 가옥의 천장에서 뜯어낸 대나무로 만든 것이다. 일본은 과거에 집 안에서 취사를 했다. 장작불을 때어 밥을 짓게 되면 연기가 난다. 그 연기는 천장으로 올라가 초가지붕을 받치고 있는 대나무를 그을리게 한다. 수십 년간 장작 연기에 그을린 대나무는 나무 자체

이치하라 상품

가 질겨질 뿐만 아니라 병충해에 썩지 않게 된다. 연기가 방부제 역할을 하는 것이다.

이치하라 젓가락은 그중에서 150년 이상 된 대나무를 전국 방방곡곡에서 구해 젓가락을 만들어 팔고 있다. 이 젓가락은 일반 대나무 젓가락과는 달리 내구연한이 무려 15년이나 된다. 일반 죽제품 젓가락이 1년 정도 사용할 수 있는 것에 비해 훨씬 더 오래 사용할 수 있다. 요즘은 일본 농촌도 모두 개량되어 150년 이상 된 연기에 그을린 대나무를 구할 수 없어 이 제품은 곧 대가 끊길 것이라 한다. 미야코 바시는 지금 시장의 아버지인 7대째 사장이 개발해낸 젓가락이다. 젓가락 한 세트의 가격은 2,800엔부터 5,250엔까지 다양하다.

헤이안 바시는 8대 사장이자 현재 사장인 이치하라 다카 씨가 개발한 젓가락이다. 참깨 한 알도 집어 올릴 수 있을 정도로 끝이 섬세한 것이 특징이다. 한 세트에 보통 3,000엔대이다. 헤이안 바시나 미야코 바시는 가정집에서 주로 쓰게 만든 편리하고 일반적인 젓가락으로 반찬이나 밥을 모두 먹기 쉽도록 다용도로 만들었다. 젓가락을 직접 써보니 일단 손가락 사이에 착 달라붙어 착용감이 좋고 무게감이 느껴져 젓가락이 헛돌지 않는다. 이치하라 타카 사장에게 여기서 팔고 있는 400종의 젓가락 중 어떤 것이 가장 마음에 드는지 물었다. 그랬더니 그는 다음과 같이 대답했다.

"모든 젓가락이 사랑스럽다."

자신이 판 젓가락을 끝까지 책임진다

이치하라 젓가락가게는 젓가락을 직접 만들지 않는다. 교토에서

80킬로미터 떨어진 오바마 지역에서 젓가락 장인들이 만든 제품을 납품받아 판매만 하고 있다. 장인들에게 젓가락의 디자인, 나무의 재질, 칠기의 디자인 등을 주문하여 유행에 따라 소비자들이 원하는 제품을 만들도록 하는 것이다.

일반 가정용, 요정용, 식당용 등 젓가락을 사용하는 고객에 따라 모두 용도가 다르므로 그에 맞는 제품을 만들어달라고 주문하기도 한다. 그렇게 해서 납품받은 젓가락을 이치하라 가게에서는 표면이나 디자인, 칠기의 상태, 완성도 등을 점검하여 통과된 물건만 판매하고 불합격된 물건은 모두 반품 처리한다. 이치하라 젓가락은 언제나 최상의 물건만을 판다고 자부한다. 그리고 자신들이 판 젓가락에 대해서는 끝까지 책임을 진다. 소비자가 사 간 젓가락에 어떤 문제가 생겼을 때 가게로 보내주면 무료 혹은 약간의 실비만을 받고 평생 고쳐준다. 이러한 사후관리 정신 때문에 소비자들은 이치하라 젓가락의 가격이 조금 비싸더라도 안심하고 산다. 이것이 이치하라의 평생 서비스이다.

최근 일본에서는 환경에 관한 관심이 높아짐에 따라 전통적인 젓가락을 사용하는 소비자의 수가 늘어나고 있다고 한다. 오늘날 일본에서는 일회용 젓가락이 연간 250억 개가 소비되고 있다. 해마다 홋카이도만 한 땅의 나무가 벌채되고 있다는 뜻이다. 물론 일본은 1회용 젓가락 대부분을 수입한다. 수입 대상국은 주로 중국이다. 중국은 1회용 젓가락을 수출하기 위해 변방 지역의 나무를 무차별로 벌채했다. 그 결과 산림이 사막화되면서 황사현상이 점점 더 심해지고 그 피해국은 한국과 일본이다.

일본의 소비자들도 이런 점을 알고 있다. 따라서 일본에서는 근래에 환경 보호를 위해 품질이 좋고 안전한 전통 방식으로 생산되는 전통 젓가락을 찾는 고객이 늘고 있다. 일본은 매년 8월 4일을 '젓가락의 날'로 정해놓고 있다. 8하치과 4시의 첫 글자를 따면 '하시箸'가 되기 때문이다. 이는 전통 젓가락 문화와 전통을 후세에 이어주기 위해서이다.

요리 칼 종류만 450종이 넘는다

460년 칼가게 아리츠쿠

1560년에 아리츠쿠有次라는 사람이 교토 시내의 가지야초鍛冶屋町에서 가게 문을 열었다. 지명에서 알 수 있듯이 쇠를 담금질하는 가게들이 많이 모여 있는 곳이다. 다시 말해 대장장이들이 모여 사는 칼가게 마을이다. 그 역시 가지야초의 칼가게에서 일을 배우다가 자신의 칼가게를 연다. 그는 장인으로서 솜씨가 뛰어났는지 당대에 천황가에 부엌칼을 납품하는 어용상인으로 지정된다. 그때부터 손님이 부쩍 늘어나 부엌칼 전문 장인으로서 명성을 날리게 되었고 오늘날 아리츠쿠는 18대손이 운영하고 있다.

"부엌칼, 냄비, 요리 도구는 반드시 손으로 만든 것을 선택해 주십시오."

아리츠쿠의 슬로건이다. 현재의 사장은 18대인 데라히사 호신이치로이다. 그는 1939년 교토에서 태어나 17세 때부터 가업을 이어왔고 1981년에는 교토의 부엌이라고 불리는 니시키 시장에 영업점

아리츠쿠 외경

을 열었다. 현재 아리츠쿠가 판매하는 부엌칼은 약 500종류, 냄비, 주걱 등 가사 도구는 약 400종류이다. 아리츠쿠가 만든 칼은 세계 최고라 하는 독일의 헨켈과 더불어 그 품질에서 쌍벽을 이룬다. 더 정확히 얘기하면 명품 대 명품의 경우, 칼에 관한 한 일본 칼이 세계 제일이다. 실제로 독일의 강철 회사에서 일본 닛폰도를 가져다가 그 재질과 만든 노하우를 분석해본 결과 독일 것보다 한 수 위라고 결론을 내린 바 있다.

일본도가 세계 제일인 것은 우선 강철의 강도가 독일이나 스페인의 검보다 앞서 있고 칼등 부분의 연철과 칼날 부분의 강철을 절묘하게 이어 붙인 노하우가 앞서 있기 때문이다. 본래 2~3세기경에 한반도에서 철기 문화를 가지고 있던 가야인들이 대거 일본으로 건너오면서 일본 칼이 시작되었다. 그 뒤로 발전에 발전을 거듭한 결과 오늘날 세계 최고의 칼을 만들 수 있었다.

아리츠쿠 18대 사장

한 자루의 칼에 마음과 정성을 다 바친다

현재 아리츠쿠 공장에서 일하는 여섯 명의 대장장이들은 한 사람이 하루에 열 자루의 칼을 만들고 있다. 하루에 열 자루의 칼을 만드는 것이 많은 것 같지만 적은 편이다. 경영자의 입장에서 보면 비효율적으로 작업하고 있는 것이다.

부엌칼을 만드는 과정은 좋은 쇠를 구하기부터 두드리기, 담금질, 두드리기, 날 세우기, 광내기 등 여러 복잡한 단계를 거친다. 그중 가장 중요한 것은 좋은 쇠를 시뻘건 불에 달궈 두드린 후 다시 불에 달구고 다시 두드리는 과정이다. 두드리면서 그 속에 바이러스만 한 작은 공기구멍 하나도 남기지 말아야 한다. 칼을 무디게 하거나 녹슬게 하는 원인이 바로 그 공기구멍이 습기를 먹을 때 생기기 때문이다. 그 때

아리츠쿠 상품

문에 칼 한 자루에 십여 번의 담금질이 필요하다. 공기구멍을 하나도 남기지 않고 제거하기 위해서는 두드리고 또 두드리는 정성이 필요하다. 그렇게 만든 칼이라야 잘 잘리고 수명이 오래간다. 다음은 데라히사 사장의 말이다.

"우리의 목표는 한 자루의 칼에 우리의 마음과 정성을 다 바치는 것이다. 그래야만 그 물건을 오랫동안 사용할 수 있기 때문이다."

영양소 파괴를 최소화하는 요리점용 칼을 만든다

아리츠쿠에서 파는 칼은 크게 요리점에서 사용하는 칼과 일반 가정용으로 구분할 수 있다. 요리점에서 사용하는 전문가용 부엌칼은 50종류를 생산하고 가정용은 한 종류만 생산하고 있다. 요리점에서 파는 50종류의 칼은 그 길이와 용도에 따라 다시 450종류로 나누어진다. 생선회를 뜰 때, 채소를 썰 때, 생선의 머리를 내리칠 때, 쇠고기를 썰 때, 소의 뼈를 발라낼 때 사용하는 칼의 종류가 모두 다르다. 요리점에서 사용되는 칼은 요리 재료를 썰었을 때 잘린 단면이 매끄러워 맛과 영양의 밸런스가 파괴되지 않도록 특별히 제조하고 있다. 그 외에 아리츠쿠는 칼을 만들 때 두 가지를 더 신경 쓴다고 한다.

"첫째, 재료가 잘렸을 때도 맛이 좋아야 한다. 둘째, 사용할 때 즐거우며 칼의 중량감이 어느 정도 느껴져야 한다."

채소는 칼에 잘렸을 때 영양소가 파괴되는데 칼날이 예리하면 그렇지 않다. 무딘 칼은 섬유질을 뭉개 버리지만 예리한 칼은 섬유질에 손상을 주지 않는다. 그래서 영양소가 그대로 살아 있다. 실제로 아리츠쿠가 만든 생선회 칼 중에는 살아 있는 도미의 양쪽 살을 한 뼘쯤 베어낸 후 다시 물에 놓아주어도 도미가 제 살이 거의 다 잘린 것도 모르고 헤엄을 칠 정도이다. 신경을 하나도 건드리지 않고 살만 베어냈기 때문이다. 그만큼 칼의 품질이 좋다.

아리츠쿠에서 파는 식당용 칼의 가격은 가장 싼 것이 1만 2,000엔이고 비싼 것은 5만 엔 정도 한다. 부엌칼을 사 가지고 가서 망가졌을 때 수리도 해준다. 손잡이가 망가졌을 때는 수리에 1개월 반에서 2개월 정도가 걸린다. 수리비는 손잡이는 2,400엔에서 3,000엔 정도이다.

무신경해서는 좋은 물건을 만들 수 없다

데라히사 사장은 매월 요리 교실을 열어 부엌칼을 용도에 맞추어 쓸 수 있도록 무료로 강의해주고 있다. 부엌칼은 각 재료가 가지고 있는 맛을 최대한 살리는 데 그 목적이 있으므로 어떻게 칼을 사용하는 것이 가장 올바른가에 관한 강의이다. 그가 지금까지 강의한 내용을 보면 '제23회 아름다움에 대한 공부' '제25회 인간의 도시, 자연의 도시제' '26회 니시키 시장의 부엌칼가게' '제29회 전통과 현대' 등이다.

주인에게 궁금한 내용 몇 마디를 물어보았다. 우선 "요즘 100엔 숍에 가면 부엌칼도 팔고 있다. 그에 비하면 아리츠쿠의 부엌칼은 값이 비싼데 그 이유는 무엇인가?"를 물어보았다.

"다섯 개의 물건을 만드는 데에는 시간을 다섯 개로 쪼개어 노력해야 한다. 진정한 좋은 물건을 만들기 위해서는 다섯 배의 노력을 해야 한다는 의미이다. 진짜 좋은 물건은 나태해서는 만들 수 없다. 또 무신경해도 만들 수 없다. 요즘 같은 시대에서도 좋은 물건을 만들어 오래 쓰는 것이 중요하다. 그것이 지구를 위해서도 좋은 것이 아닌가. 한 번 쓰고 버리는 물건을 많이 만들면 지구가 곧 쓰레기장으로 변하지 않겠는가? 좋은 물건을 만들어 평생 동안 쓰는 것이 지구를 위해서도 좋은 일이다."

다시 조심히 물어보았다. "때로 소비자가 싼 물건을 사고 싶을 때도 있지 않은가?"

그가 대답했다. "'도구를 소중히 하라.' 나는 그렇게 말하고 싶다. 비록 자기 혼자 쓰는 물건이지만 그것을 아끼는 정신이 필요하다. 싼 물건은 역시 수명이 짧고 쓰면서도 만족감을 얻지 못한다. 비싸지만 좋은 물건을 사용할 때 소비자도 기쁨을 느낀다. 그리고 그런 물건을 만드는 장인들도 소비자가 오랫동안 즐거운 마음으로 그 물건을 쓸 수 있도록 정성을 다하여 만들어야 한다."

"니시키 시장의 영업점에는 교토 사람뿐만 아니라 관광객도 많다고 들었는데 사실인가?"

그가 대답했다. "우리 가게에는 관광객이라고 불리는 손님은 없다. 관광객이라는 표현 대신 멀리서 오신 손님이라고 바꿔서 말하고 있다. 그 손님은 멀리서 우리 집에 부엌칼이나 요리 도구를 사기 위하여 온다. 물론 손님 중에서 일본인뿐 아니라 멀리 외국에서 온 분들도 많이 있다. 친척에게 선물하기 위해서 열 자루의 칼을 사가는 분들도 있다. 우리 가게의 매출 중 15%가 외국에서 온 분들이 사간다."

어떤 마음으로 칼을 만드는지를 묻자 다음과 같이 말했다.

"우리 가게에 오는 모든 손님에게 부끄럽지 않은 물건을 만들기 위해 노력하고 있으며, 더욱 품위 있고 멋있는 물건을 만드는 데 특히 신경을 쓰고 있다.

마지막으로 그에게 가게 운영의 목표가 무엇인지를 물어보았다.

"누구라도 즐거운 마음으로 둘러볼 수 있는 가게, 혼자서 오나 여럿이 오나 즐거운 가게를 만드는 것이 우리의 목표이다. 내가 매월 한 번씩 칼, 부엌용품, 전통에 대해 강의를 여는 것도 손님들이 즐거운 마음으로 우리 가게에서 만든 물건을 사용할 수 있도록 해주기 위함이다. 그것은 우리의 서비스가 아니라 우리의 의무이자 책임이다."

고객의 "참 좋아!" 한마디를 위해 120% 서비스를 한다

요즘 세계적으로 일본 음식이 붐을 일으키고 있다. 이른바 웰빙 바람이 불면서 생선과 채소를 위주로 하는 일본 음식이 웰빙 음식으로 평가받고 있기 때문이다. 일본 음식 붐이 불면서 아리츠구의 칼가게에도 외국에서 찾아온 손님들이 부쩍 늘었다. 요즘 아리츠쿠의 니시키 시장 매장에서는 종업원들에게 서양 손님을 맞을 수 있도록 영어 공부를 하고 있다. 고객의 15% 정도가 외국 손님이므로 그에 대응하기 위해서이다.

통상 외국 손님이 사는 칼은 8,000엔부터 1만 2,000엔 전후의 제품이다. 종류는 나무 손잡이가 달린 다목적용 칼이다. 외국 손님을 위해서 칼자루에 이름을 새겨주는 서비스도 있는데 한 글자에 200엔의 요금이 추가되지만 큰 인기를 끌고 있다. 아리츠쿠는 지난 18대 동안 한 대 한 대가 쌓아 온 경험과 노하우를 바탕으로 좀 더 좋은 칼을 만드는 것을 목표로 해왔다. 이런 정신은 19대째에도 그대로 계승되어 가게와 공장에 좋은 '세균'이 충만할 수 있도록 하는 것이 목표이다. 데라히사 사장은 다음과 같이 말했다.

"자연과 사람과 환경을 생각하는 것이 중요하다."

그는 좋은 세균을 날로 증식시켜 가게를 지킨다는 자세로 노력하면 가게는 영원히 번영할 것으로 생각하고 있었다. 또한 손님 한 사람 한 사람에게 100%의 서비스를 하는 일도 소홀히 할 수 없다.

"싸고 좋은 물건을 공급하는 일, 우리 고객을 아끼고 사랑하는 마음은 세대를 초월하여 이어 나가야 한다고 생각한다. '그 가게 참 좋아.'라는 고객의 한마디를 듣기 위해 120%의 서비스를 해야 한다. 연구는 학자들만이 하는 것이 아니라 상인들도 당연히 해야 하는 일이다."

옛날부터 우리 가게에서 쌓아 온 지식의 축적을 바탕으로 좀 더 공부하지 않으면 안 된다는 것이다.

"옛날에 만든 물건도 좋았지만, 요즘 시대에 맞춰 새롭게 만든 물건도 좋았다."

그런 말을 들어야 진정한 상인이라는 말이다. 상인이라고 해서 전통만을 지키는 것이 아니다. 상인도 시대에 따라 변할 수 있다. 다만 좋은 쪽으로 변해야 한다. 경기는 나쁠 때도 있고 좋을 때도 있다. 그래도 변하지 않는 것이 있다면 끊임없는 노력이다. 끊임없이 노력하면서 더 좋은 제품을 만들어내면 전 세계로부터 손님들이 가게를 찾아온다는 것이다.

"좋은 방향으로의 변화."

이 한마디 말 속에 400년 일본 최고의 칼가게인 아리츠쿠의 철학이 숨어 있다.

길 속의 길을 찾아라

180년 된장가게 혼다 된장

교토에는 오래된 된장가게가 많다. 그중 대표적인 가게가 바로 혼다本田 된장이다. 180년의 역사를 가진 관록 있는 점포이다. 혼다 된장은 요리용, 조리용, 선물용, 종지 된장국용, 술안주용 등으로 나뉘고 종류별로도 붉은 된장, 빨간 된장, 흰 된장, 누런 된장 등 4가지로 구분한다. 또한 5~15%까지 소금의 양을 조절하여 된장을 구분한다. 교토의 대표적인 명물이다.

혼다 된장은 1830년에 창업하여 어용상인으로서 궁중 요리에 사용되는 흰 된장을 납품했다. 창업주인 단바야 모스케丹波屋茂助은 일본의 시골인 단바丹波 출신으로 상호도 단바야丹波屋라고 하였다. 그가 된장가게로 자리를 잡아 가던 때인 1853년에 수도가 도쿄로 옮겨가는 대사건이 발생했다. 무려 1,200년간 수도였던 교토가 하루아침에 지방 도시로 전락하게 된 것이다.

당시 교토의 상인들은 깊은 고민에 빠졌다. 어느 나라든지 간에 수

(좌)혼다 된장 외경 (우)혼다 된장 실내

도가 경제의 중심이 되므로 자신들도 살기 위해서는 가게를 도쿄로 옮겨 가야 하는 것이 아닌가 했기 때문이다. 혼다 된장의 창업주도 고민에 빠졌다. 그리고 고민 끝에 결론을 내렸다.

"도쿄는 물, 공기, 기온 등의 조건이 된장 맛을 내기에는 교토와 다르다."

교토에서 끝까지 승부를 보기로 한 것이다. 그는 무로마치室町 거리에 공장을 새로 냈다. 그리고 흰 된장으로 승부를 걸 작정을 했다. 당시 일본에서는 서민들이 중국에서 전해진 붉은 된장을 주로 먹고 있었다. 그런데 이 참에 일본 귀족들이 먹던 흰 된장을 주력 상품으로 고급화 전략을 구사한 것이다. 또 가게 이름도 촌스런 단바야를 버리고 혼다 된장으로 바꾸었다.

흰 된장으로 고급화해 승부를 겨룬다

흰 된장은 교토의 명물이다. 단맛이 나는 된장으로 오늘날 교토 요리를 만드는 데 상당히 광범위하게 쓰이고 있다. 특히 정월에 많이 먹는 생선조림부터 꽃 지짐과 찹쌀떡 등에도 흰 된장이 들어간다. 해마다 8월에 열리는 일본 최대 규모의 축제인 기온 마쓰리祇園祭에 참가하는 신자들을 위해 만든 요리에도 흰 된장이 많이 쓰이며 과자에도 감미료로 흰 된장이 들어간다.

본래 흰 된장은 교토에 있었던 천황가를 중심으로 발전한 것인데 색이 흰 만큼 우아한 이미지를 갖고 있고 맛도 담백하다고 평가받는다. 흰 된장의 맛은 쌀 맛으로 결정된다는 말이 있듯이 좋은 된장을 만들려면 좋은 쌀을 써야 한다. 제조법은 쌀을 씻어 나무통에 넣는 것에서부터 시작된다. 그다음 밥을 쪄서 효모균을 넣고 48시간을 버무려 주는 작업을 한 후 찐 밥에 소금을 넣고 삶은 콩을 넣는다.

그런 다음 약 1개월간 숙성시키면 된장이 완성된다. 숙성 기간이 짧아서 소금을 적게 넣는데 대신 장기 보전이 불가능하다. 최근에는 단맛을 내는 데 설탕이 많이 쓰이면서 흰 된장의 사용이 줄고 있다. 그러나 아직도 여전히 교토 전통의 맛을 좋아하는 미식가들은 흰 된장을 즐겨 찾고 있다. 특히 요정이나 고급 요리점 등에서는 흰 된장을 꾸준히 사용하고 있다.

흰 된장은 지금부터 1,200년 전인 헤이안시대에 만들어진 것이다. 그러다가 센코쿠戰國시대가 되면서 흰 된장의 제조법이 비약적으로 발전한다. 병사들에게 식량 대신 흰 된장을 주었기 때문이다. 지금은 지방에 따라 흰 된장의 제조법이 다르다. 추운 날 아침 뜨거운 물에 교토 흰 된장을 풀어 끓여 마시면 기분이 좋아지고 활력이 넘치는 것을 느낀다고 한다.

‘혼다류’라는 개성을 창조하다

흰 된장은 가마쿠라 시대의 ‘국 한 그릇에 반찬 하나’라는 식사 형식이 정착되면서 또 한 번 발전하였다. 1603년 토쿠가와 바쿠후가 들어서면서 사무라이 집안의 식사에도 영향을 미쳤고 그것은 서민에게까지 널리 퍼졌다. 오늘날 교토와 오사카 지방에서 아침밥을 먹을 때 된장국을 먹게 된 것은 가마쿠라 시대의 일침일채一針一菜, 국 한 그릇에 반찬 한 가지의 영향 때문이다. 또 흰 된장이 들어간 일본의 과자로 대표적인 것은 어능파御菱葩가 있다. 이 과자는 궁중 행사 때 쓰이던 것으로 지금은 일반인들도 정월에 즐기는 과자이다. 어능파는 470년 전 교토의 떡가게 주인인 가와바타 도키川端道喜라는 사람이 만들었다고 전해진다.

현재 일본 전국에는 된장을 생산하는 업자가 약 1,600명 정도 있고 한 집당 5종 정도의 된장을 생산하여 8,000종의 된장이 있다고 알려져 있다. 지방 혹은 가게에 따라 된장 맛이 조금씩 다르다는 의미이다. 일본에서는 혼다 된장을 가리켜 혼다류 된장이라는 말이 있을 정도로 하나의 개성을 창조한 업체로 인정받고 있다. 혼다 된장은 근래에 ‘생된장’이라는 제품을 출시했는데 이 된장은 발효시키지 않은 된장이다. 이 된장은 행사 답례품이나 선물용 등으로 많이 쓰이고 있다. 생된장의 부드럽고 유연한 맛이 최근 큰 인기를 끌고 있으며 일본 제일이라는 극찬을 받고 있기도 하다.

현재 혼다 된장은 7대째인 혼다 시케토시本田茂俊가 경영하고 있다. 그는 교토의 명문인 리츠메이칸대 상업사회학부를 졸업한 후 요코하마의 된장가게에서 2년간 남의집살이를 한 뒤 가업을 잇기 위해 교토로 내려왔다. 혼다 된장이 지난 180년간 번영을 해 온 이유로 그는 아래와 같은 철학을 꼽았다.

"길 속에 또 길이 있다."

비록 간단한 된장이지만 된장에 색깔과 맛을 디자인하여 새로운 종류를 만들어낸다. 다시 말해 일본의 만찬 요리인 가이세키 요리에 사용되는 된장과 일반 가정집에서 매일 먹는 된장은 맛이 달라야 한다는 것이다. 용도와 형태에 따라 맛과 디자인을 달리해야 한다는 것이 교토의 전통 중의 하나이다.

일본 사람들은 서로 형태가 다른 작은 물건을 합쳐 전혀 새로운 물건을 만들어낸다. 대표적인 것이 집 대문 위에 걸려 있는 가도야키-설날 장식이다. 짚으로 요코즈나-새끼줄 묶음을 짠 후 거기에 소나무 가지를 얹고 다시 귤로 포인트를 주며 파초잎으로 장식하고 은실로 그 전체를 묶어준다는 식으로 각종 이미지를 더하고 합치는 연결의 미학을 가지고 있다. 이것이 교토 상품에도 그대로 적용되는 경우가 많다.

입맛이 핵심이다

사람의 입맛은 매우 민감하고 다양하다. 일본 녹차는 서로 다른 수천 가지의 맛을 낸다. 같은 차라고 하더라도 미지근한 물에 우렸을 때, 따끈한 물에 우렸을 때, 뜨거운 물에 우렸을 때의 맛이 모두 다르다. 된장도 숙성 된장과 생된장이 다르며 흰 된장, 누런 된장, 붉은 된장의 맛이 모두 다르다. 또한 그것을 어떻게 조리했는가에 따라 또 맛이 달라진다. 그처럼 다양한 입맛의 욕구를 충족시켜 주는 것이 장사의 기

혼다 된장 상품

본이자 도리라고 생각하는 것이다.

묶어라

다다미, 병풍, 노렌, 기모노, 부채, 온천탕 나무 가리개 등의 물건들은 모두 묶는 데서 출발하고 있다. 다다미의 경우 짚을 묶어 띠를 둘러서 만드는 것이다. 짚을 묶지 않았다면 그것은 그냥 벌판에 날리는 지푸라기에 불과하지만 그것을 모아 실로 묶고 거기에 다시 금박·은박의 헝겊으로 띠를 두르면 전혀 다른 상품이 출현하는 것이다. 병풍도 종이에 그림을 그려 한 폭, 두 폭, 여덟 폭까지 모은 후 옻칠을 한 나무로 띠를 두르면 새로운 상품이 출현하는 것이다. 기모노도 열두 겹을 겹치고 겹쳐 입는데 그것도 결국은 옷을 묶고 묶어서 새로운 이미지를 탄생시킨 것이다. 부채도 부채 골 하나하나를 금실·은실로 묶은 후 거기에 그림을 넣어 새로운 상품을 만들어낸 것처럼 일본은 묶는 기

7대 주인 혼다 시게토시

술에 관한 탁월한 노하우를 갖고 있다.

마음을 담아라

녹차 한 잔을 그냥 마시면 음료에 불과하다. 그러나 좋은 도자기에 향이 풍부한 녹차를 담고 그것을 찻잔 받침에 받친 후 그 탁자 위에 아름다운 꽃꽂이를 해놓으면 하나의 예술이 된다. 좋은 도자기 찻잔을 내왔을 때 이미 마음이 담긴 것이며 그 안에 향이 풍부한 녹차를 담을 때도 마음이 담긴 것이며 예술적인 찻잔 받침에 차를 내왔을 때 또 마음이 담긴 것이며 옆에 꽃 한 송이를 놓았을 때 또 마음이 담긴 것이다. 이런 마음이 담겨서 하나의 완성된 미학을 추구하는 것이다. 일본인들은 마음에 마음을 담아 자기의 마음을 표현한다.

어울려라

일본 사람들은 튀는 것을 싫어한다. 사람과 사람의 관계 속에서도 튀지 않으려고 노력하며 숲 속에 집을 지을 때도 산의 풍경보다 가옥의 풍경이 튀는 것을 경계한다. 그만큼 조화를 중시하는 것이다. 자기가 혼자 잘 살기 위해서 남을 무시하거나 남을 누르려는 식의 행동을 경계한다. 이웃과 더불어 발전하고 사회와 더불어 발전하며 자연과의 조화 속에서 상생을 추구한다. 그것이 일본의 미의식이자 자연관이며 또한 국민성이다.

당겨라

일본 사람들은 자신들보다 우월한 것이 있으면 그것을 기필코 자기화해나간다. 선진국 혹은 앞선 문화를 당겨서 자신의 것으로 만드는 것을 매우 중시하는 민족이다. 그리고 그것들을 다시 일본화하면서 새로운 일본 문화를 창출해 낸다.

겨울밤 한 잔의 차를 대접하는 마음으로 한다

요바나시夜咄라는 다회는 12월부터 이듬해 3월까지 수시로 개최되는 다사칠식茶事七式의 한 형식이다. 겨울밤 촛불을 밝히고 차를 대접하는 만큼 그 풍정이 또한 각별하다. 이럴 경우 다회는 상당한 기교가 있어야 한다. 고상하고 그윽한 분위기 속에서 그 분위기에 맞는 한 잔의 차를 내는 요령이 필요한 것이다. 손님의 표정과 안색까지 살피면서 그에 맞는 좋은 차를 대접해야 분위기에 어울린다. 손님을 대접하기 가장 어려운 다회가 바로 요바나시 다회인 것이다. 된장을 만드는 일도 12월 밤의 촛불을 켜는 다회처럼 그윽하고 고요하며 맛의 아름다움과 깊이를 추구하는 정신을 담아야 한다는 의미이다.

사는 사람도 좋고 파는 사람도 좋아야 한다

교토 지역은 사람과 사람 사이에 벽이 있다. 그 벽을 없애고 나누는 일이 상인에게는 필요한 일이다. 상인은 매일 저녁 거래처와의 장부를 정리한다. 그날그날의 매상과 거래 금액의 결제를 기록하는 것이다. 거래처로부터 물건을 싸게 살 때도 있지만 파는 사람으로서는 괴로울 것이다. 또 자신의 물건을 비싸게 팔 경우도 있는데 이는 사는 사람으로서는 괴로울 것이다. 따라서 거래 장부에 나타나는 금액과 수량을 보고 상대에게 폐를 끼치지 않았는지를 생각해야 한다. 비싸게 팔았다고 좋은 것이 아니며 싸게 샀다고 좋은 것이 아니라는 말이다. 서로 이해하고 이해될 만한 가격에 거리가 되어야 쌍방이 만족하고 그래야만 거래가 오래간다. 사람과 사람 사이에 벽을 허무는 것은 바로 사는 사람도 좋고 파는 사람도 좋은 상행위를 했을 때 가능하다고 그들은 생각한다. 이것이 가격 흥정의 정신이다.

그들은 비록 하찮게 보이는 된장 한 봉지에 자신들이 쌓아 온 모든 철학을 담고 있다. 그리고 또 그 철학을 이어 가면서 새로운 철학을 보태고 있다. 교토 상인이 대단한 것은 값싼 1,000엔짜리 된장 한 봉지라도 좀 더 좋은 맛, 좀 더 보기 좋은 디자인, 좀 더 나은 친절을 위해 100년이고 200년이고 노력하는 자세 때문이다.

잘게 쪼개
생산성을 높인다

옴론

옴론은 타테이시 카즈마에가 1933년에 설립한 회사이다. 2014년 매출은 7,730억 엔, 이익 681억 엔으로 종업원 수는 국내외 합쳐 3만 6,482명이다. 주요 생산 제품은 전자 제품, 자동차에 들어가는 첨단 센서, 스위치 컬렉터, 릴리스위치 컨트롤러로 부문에서 역시 세계 1위의 기업이다. 산업 자동화 부문에서도 전 세계 독과점율 40%로 세계 1위이다. 그중 대표제품을 꼽으라면 우리도 지금 쓰고 있는 지하철 자동개찰기(전자개폐기)를 꼽을 수 있다. 이 제품은 지금부터 40여 년 전인 1967년에 개발한 것이다.

2008년에는 손가락 하나에 연결하여 혈압을 잴 수 있는 기기를 개발해 세간의 주목을 끈 바 있다. 근래 일본 유행어 중에 "파친코가 일본의 경기를 좌우한다"는 말이 있는데 경기 불황에 따라 파친코 고객의 수가 줄어들자 전자 부품 업계도 타격을 입었다. 옴론의 경우 파친코에 들어가는 구슬의 수를 세는 기기를 납품하고 있는데 경기 악화

옴론 외경

로 기기 납품 수가 줄어들었다.

돈만 좇는 것은 죽은 목표다

옴론은 프로듀서 시스템으로 유명하다. 기종별 생산 제품에 관해 프로듀서단위 소사장가 있고 그의 책임하에 모든 제품의 기획, 생산, 판매가 이루어진다. 앞서 얘기한 대로 옴론은 열거하기 어려울 정도로 각종 다양한 제품을 생산하고 있다. 그러한 제품 하나하나에 프로듀서가 있고 그가 전권을 가지고 권한을 행사하는 특이한 시스템이다.

옴론이 이러한 프로듀서 시스템을 만든 이유는 이른바 '대기업병' 때문이었다. 한때 잘 나가던 옴론은 어느 때부터인가 모든 직원이 회장의 얼굴만 쳐다보고 지시를 기다리는 중앙집권적인 회사로 가고 있었다. 다테이시 회장은 자신의 지시가 없으면 돌아가지 않는 회사를 보고 근본적으로 회사를 수술하지 않으면 안 된다고 판단해서 도입한 것이 바로 프로듀서 시스템이다.

프로듀서가 스스로가 제품을 기획, 예산 수립, 생산, 판매 등을 책임지고 할 수 있도록 한 것이다. 이 시스템은 큰 성공을 거두었고 오늘날 옴론 발전의 원동력이 되었다. 그러나 그것만으로 부족하다고 판단한 경영진은 사원들에게 다음과 같은 철학을 제시했다.

1 침대에 100년 누워 있는 것보다 50년을 발로 뛰는 것이 행복하다.
2 고객이 즐거워야 우리도 즐겁다.
3 돈만 좇는 것은 죽은 목표다.
4 기계를 사람에게 맞춰라.
5 다섯 개의 소기업 제도를 중심으로 사업을 전개하라.
6 모든 것은 모듈화하라. 경영의 경우도 인프라 플랫폼, 의사결정 플랫폼, 부품의 모듈화로 이어져야 한다.
7 사원의 아이디어는 현금으로 보상한다.

모든 것을 모듈화한다

교토의 기업들은 기업 내부의 부서를 잘게 쪼개는 데 선수들이다. 잘게 쪼개서 기업의 생산성을 높이고 효율을 극대화한다. 거기에 아이디어를 현금으로 보상한다는 회사의 정책이 돋보인다. 실제로 일본 기업 중에는 아이디어 한 건에 1,000엔씩 주는 기업들이 꽤 있다. 그 아이디어가 제품에 반영될 경우 30만 엔의 보상금을 주기도 한다.

모듈화의 경우, 한국 기업에서도 자동차 엔진의 경우처럼 엔진 전체를 모듈화한 기업이 있으나 의사 결정 플랫폼까지 모듈화를 한 한국 기업은 없다. 한국 기업이 늘 타성적으로 무심코 해 왔던 당연한 것들에 대해 교토의 기업들은 의문을 던진다. 뭔가 더 나은 시스템이 없을까 하고 의문을 던지면서 근본적으로 재검토해서 보다 합리적으로 시스템을 바꾸어버린다.

사장 야마다 요시히토

요약해서 말하면 모든 것을 프로듀서와 사원들 자신이 능동적이고 자발적으로 하라는 것이다. 사원들이 자발적으로 움직이는 기업이야말로 살아 있는 기업이고 매일 진화할 수 있기 때문이다.

아메바에게 배워라

교세라

교세라는 1959년에 설립되었다. 브라운관 TV가 보급될 무렵 부품을 만들며 출발한 기업이다. 당시 종업원은 28명. 그로부터 50년이 지난 지금 교세라는 단 한 번도 적자를 낸 적이 없다. 그런 사이 28명이었던 종업원은 6만 8,000명이 되었다. 단일 부품으로 시작한 이 회사는 이제 각종 기기, 네트워크 서비스까지 만드는 대기업이다. 반세기 동안 외형은 4,900배 성장했다. 또 매출의 절반 이상이 해외에서 이루어지고 있다. 2014년 매출은 1조 5,265억 엔에 934억 엔의 이익을 냈으며 종업원 6만 8,000명으로 파인 세라믹 필터 분야 세계 1위의 기업이다.

아메바 조직 시스템

이러한 성공 뒤에는 창업주인 이나모리 가츠오 회장이 있다. 1966년 이나모리 회장은 '시간당 채산제'라는 것을 도입했다. 바로 오늘날 교세라의 상징은 아메바 경영의 모델이다. 이나모리 회장은 기업을 장기적으로 발전시키려면 조직의 말단에서부터 상층부에 이르기까지 모든 경영 실태를 시시각각으로 파악해야 한다고 판단했다. 그 결과 회사 조직을 아메바라고 불리는 작은 집단으로 나누고 그 안에서 리더를 뽑아 경영을 맡기는 시스템을 만들었다.

교세라 본사

그는 회사 경영이란 간부들이 잘한다고 되는 것이 아니라 전사원이 다 잘해야 한다고 생각하는 사람이었다. 이러한 경영 철학을 바탕으로 회사 조직을 3,000개로 잘게 쪼개서 모든 아메바가 스스로 업무 성과를 파악하도록 경영관리 시스템을 만든 것이다. 아메바란 스스로 세포 분열을 하여 여러 가지 형태로 자신을 바꿔 나가는 미생물이다. 외부의 반응에 따라 민감하게 반응하여 스스로 자신의 형태를 바꾼다. 교세라의 최소 사업 단위인 아메바, 다시 말해 유니트는 경기의 변동에 따라 스스로 유연하게 형태를 바꾸어나가는 것이다.

아메바 경영에는 아무리 최소 단위의 조직이라고 하더라도 독립 채산제를 유지해야 한다는 조건이 붙어 있다. 비록 2~3명의 작은 아메

(좌)태양광 발전 상품 (우)스마트폰 상품

바 조직이라 하더라도 그 조직은 그 조직 나름대로 이익을 내야 한다는 것이다. 그러기 위해서는 각 아메바는 시간당 부가 가치의 최대화를 추구해야 한다. 예를 들어 아메바가 벌어들인 돈에서 자신들이 쓴 경비를 빼고 나면 차익이 발생한다. 그렇게 벌어들인 돈을 아메바 직원들이 일한 시간으로 나누면 그것이 바로 시간당 채산성이다.

시간당 채산성을 높여라

조직원들은 누구나 스스로 간단히 계산하여 시간당 채산성을 알 수 있다. 각 아메바는 매월 월초나 월말에 시간당 채산표를 작성하여 그것을 토대로 다음 달 실적회의를 연다. 자신이 속한 아메바의 경영 상태가 어떠한지를 이해하고 시간당 채산성을 높이기 위해 어떻게 해야 할 것인가를 스스로 결정한다. 목표는 매출액을 늘리고 경비는 줄이며 업무 효율을 높여야 한다는 것이다. 이러한 경영 방침을 가진 교세라가 일본에서 큰 성공을 거두자 아메바 경영은 일본 내의 300개 이상의 기업들이 이 시스템을 도입하여 커다란 실적 향상을 거두고 있다.

교세라의 아메바 경영은 아메바 조직과 아메바 리더가 기본이다. 아메바의 리더들은 항상 두 개의 수첩을 가지고 다닌다. 첫째는 교세라 철학 수첩, 두 번째는 교세라 회계학 수첩이다. 회계학 수첩에는 상품 가격, 제조 원가, 매출 원가에 관한 정보를 비롯하여 아메바 활동에 참여하는 구성원이 알아야 하는 회계 관련 정보가 담겨 있다. 아메바 구성원은 누구나 회계에 관한 정보를 보면서 자신의 아메바가 거둔 실적을 늘 파악할 수 있도록 해 놓고 있다. 그리고 이것을 토대로 이익을 내기 위한 시간당 채산표를 아메바 리더 스스로가 만들도록 하며 또 그 결과를 매월 평가한다.

창업자 이나모리 가즈오

여기서 이익을 내지 못한 아메바 리더는 도태된다. 반대로 언제라도 이익이 발생할 수 있는 새로운 아메바를 만들 수 있다. 피를 말리는 시스템이긴 하지만 이러한 단위 아메바의 전쟁 덕분에 교세라는 불량률 제로의 기업으로 유명하고 빚은 없고 막대한 이익을 쌓아놓고 있다.

사물을 쪼개보면 길이 보인다

삼코

1979년에 설립된 삼코 인터내셔널은 반도체 전자 부품 제조 장치를 만드는 회사이다. 종업원 161명, 2013년 매출은 42억 엔으로 규모는 비록 작지만 플라즈마 분야에서는 세계 1위를 달리는 업체이다. 일반적으로 물건이라는 것은 고체, 액체, 기체 중 하나로 이루어져 있는데 고체도 액체도 기체도 아닌 것이 바로 플라즈마이다. 플라즈마란 원자핵이 돌면서 날리는 전자의 밸런스가 붕괴되면서 생긴 혼돈 상태를 말하는데 번개나 오로라 등 자연 현상이 그 대표적인 예이다.

1등이 아니면 의미가 없다

원래 이 회사는 미국 나사NASA에 기술을 제공하던 기업이었다. 사장인 츠지 마코토는 1976년 나사 에임스 연구소의 연구원으로 근무하다가 일본으로 귀국하여 가전 회사의 연구원으로 근무하다가 1979년에 박막 형성 장치를 완성했다. 그 후 사업가로 나서 삼코 인

삼코 외경

터내셔널을 설립하여 현재에 이르고 있다.

"1등이 아니면 의미가 없다."

그의 경영 철학이다. 그의 철학대로 삼코는 시장 규모는 작아도 플라스마 분야에서는 세계 1위이다. 지금 현재 플라스마 시장은 작지만, 이 분야는 향후 폭발적 성장세를 보일 것으로 예상되고 있다. 지금처럼 시계 1위를 계속 유지한다면 향후 시장이 커질 경우 이 회사의 규모는 지금과는 비교가 안 되게 달라질 것이다.

그는 하이테크 벤처 기업이 세계 1등이 되려면 사장과 직원의 의식이 우선 반상식, 반골 기질로 바뀌어야 한다고 주장하는 특이한 사람이다. 기존의 관행을 따라가서는 영원히 2등, 아니면 2류, 아니면 몰락이라는 것이다.

그는 기업의 구성 요소를 다섯 개로 쪼개서 본다. 제품, 시간, 인재, 정보력, 자금이다. 그중에서 그는 정보력과 시간을 가장 중요한 요소로 보고 있다. 최첨단 정보가 입수되면 최단 시간 내 제품을 생산해내야 한다는 것이다. 하이테크 벤처는 누가 먼저 제품을 만들어내느냐가 생명이다.

그렇다면 그 제품은 누가 만드는가. 답은 천재인 한 사람이다. 천재가 머리를 제공하고 나머지는 도와주면 된다는 것이다. 그 천재는 사실 츠지 마코토 사장이다. 그는 외모부터 천재처럼 생겼고 실제로도 천재다. 그 자신이 삼코 인터내셔널의 사장이지만 직책은 연구소장으로 되어 있다. 하이테크 제품의 설계는 생산 설비 자체가 크지 않고 장치 산업도 아니므로 한 사람의 천재만 있으면 되며 그 천재가 결국 곁에서 일하던 후배 직원의 또 다른 천재성을 깨운다고 생각한다. 이 회사는 120명의 작은 기업이지만 연구원은 그 절반이 넘고 우수한 인력을 많이 확보하고 있다. 이 회사의 미래 가능성을 믿기 때문이다.

교토에서는 삼코 인터내셔널처럼 벤처 기업 정신이 강한 회사들이 많다. 과거 역사적으로 교토에는 수공예품을 만들던 기술자들이 많았고 그들의 정치한 가공 기술이 오랫동안 집적되어 왔기 때문이다. 이러한 기술력이 기술 연구소와 대학 등에 인프라로 구축됐고 제2차 세계대전 후에는 수많은 하이테크 벤처 기업을 탄생시켰다.

삼코 또한 특이한 경영 방식으로 세계를 재패한 중소기업이다. 그들의 경영 방침이다.

1 빚이 왜 있어야 하는가. 빚 없는 기업이 이긴다.
2 엉뚱한 사람만이 신기술을 개발한다. 기술 1위만이 살아남는다. 고로 나는 엉뚱한 기술자를 좋아한다.

3 길이 안 보이면 사물을 쪼개 보라. 그러면 길이 보인다.

4 시장이 없다고 한탄하지 말라. 시장이 없으면 새로 만들면 된다.

5 대학은 기술의 보고이다. 그들의 연구를 연결해서 신기술로 승부하라.

사장 츠지 리

1엔짜리 부품도 만들어라

무라타 제작소

상하이 푸둥 공항에 내리면 카트에 무라타MURATA라는 영문 글씨가 쓰여 있다. 우리에겐 생소한 일본 기업이다. 하지만 한국인은 누구나 주머니에 무라타 제작소가 만든 부품을 하나씩 넣고 있다. 바로 휴대전화에 필수 부품인 세라믹 필터가 그것이다.

무라타 제작소는 전자 부품 업계의 황제라 불리는 기업으로 휴대전화의 핵심인 세라믹 필터 세계 시장의 80%를 장악하고 있다. 무라타 제작소가 문을 닫으면 전 세계 휴대전화 중 10억 대가 불통이 된다고 할 정도로 시장 점유율이 높다. 이 회사는 세계 시장 점유율만 높은 것이 아니라 연 매출 1조 엔에 매년 25% 가까운 영업 이익을 내고 있다. 영업 이익에 관해서도 일본 최고 수준이다.

세라믹 파인 필터와 세라믹 발진자 부분에서 세계 시장의 80%를 장악하고 있으며 휴대 전화, 개인용 컴퓨터의 관련 부품, 치프 적층 콘덴서 부문 또한 세계 시장의 50%를 점유하고 있다.

1944년에 창업했으며 2014년 매상고는 1조 435억 엔에 종업원은 5만 1,794명의 중소기업형 대기업이다. 무라타 제작소는 최근 20년간 연결 경상 이익이 매출의 15% 이상을 기록하고 있다. 또 매출의 70% 이상을 점유하는 제품들이 세계 시장 점유율 1위를 차지하고 있다. 한마디로 전자 부품 업계의 황제로 세계 3대 벤치마킹 대상 회사 중의 하나이다. 무라타 제작소의 성공 배경은 선택과 집중이다. 무라타 제작소의 경쟁력을 분석하면 다음의 일곱 가지로 나눌 수 있다.

무라타 외경

무라타 제작소의 경쟁력

1 원천 재료 기술 분야 장악

2 제품 및 생산 기술 동시 확보

3 장기 계획에 근거한 연구개발R&D

4 전문 기술자를 우대하는 인사제도 시스템

5 독자적인 경영 정보 시스템 운용

6 유연한 매트릭스 조직 편성

7 문어발식 경영 자제

무라타 제작소는 아무도 흉내 내지 못하는 분야를 골라서 자신들만의 기술 축적에 주력해 왔고 그것이 곧 경쟁력의 비결이 되었다. 예를 들면 기술적인 장벽이 높은 세라믹 분야에 경영 자원을 총 집중하여 초우량 기업으로 발전한 것이다.

독립 채산제 시스템의 단위조직으로 세분화하라

무라타 제작소의 독자 경영 정보 시스템인 '글로미스'는 무라타의 전 영업조직과 연구개발R&D 부문 및 생산팀이 연결된 온라인 네트워크이다. 이 단말기에는 영업 직원들이 입수해 온 고객들의 신제품에 대한 요구 사항이 날날이 입력된다. 그 입력된 내용을 연구개발팀이 분석하여 장차 예상되는 부품 수요를 예측한 후 개발에 착수하는 것이다.

이렇게 함으로써 불필요한 낭비를 없애고 고객이 원하는 신제품을 순발력 있게 공급한다. 무라타 제작소는 매출이 중소기업 수준을 넘어 대기업 수준인 4조 엔 이상이다. 그러나 그들은 대기업 병에 걸리지 않도록 늘 노력해 왔다. 예를 들면 제품 공정별로 정교한 독립 채산제를 시행하여 철저하게 손익을 관리한다. 이것이 바로 매트릭스 경영이다. 무라타는 하나의 회사이지만 그 안에는 3,000개가 넘는 독립 채산제 시스템의 단위조직으로 세분화된 것이다. 이것이 무라타의 경쟁력이다.

무라타 제작소의 3,000개나 되는 책임 조직은 공정, 제품, 본사 기능이라는 3차원 매트릭스로 관리된다. 공정별 비용 관리, 설비 투자의 경제성 계산, 설비 생산성 등 과학적인 관리 비법이 이미 1990년대 초반 완성되었다. 이렇게 독립된 각각의 조직은 스스로 손익 관리를 점검한다. 예를 들어 판매 부문은 제조 부문으로부터 사내 가격으로 제품을 싸게 산다. 그리고 이 제품을 외부 고객에게 비싸게 팔아 영업 이익을 낸다. 여기에서 본사 공통 비용인 일반 관리비와 연구개발비를 뺀 금액이 바로 순이익이 된다. 그리고 각 조직에는 자본을 분배한다. 이 자본은 공짜로 빌려주는 것이 아니라 거기에 이자를 부과한다. 그 결과 무라타 제작소는 공장 가동률이 60%만 넘으면 이익을 낼 수 있는 구조로 바뀌게 된다. 이렇게 하다 보니 부품 업계에서는 늘 최고의 이익을 내는 업체로 성장한 것이다.

그러나 무라타 제작소가 처음부터 이렇게 잘한 것은 아니다. 1957년 무라타 제작소는 처음으로 미국의 일렉트로닉스 쇼에 참가했다. 거기서 그들은 미국시장의 기술 수준이 매우 높다는 것을 실감한다. 그리고 미국 시장을 개척하지 않으면 안 된다는 생각을 한다. 그러나 당시에는 사내의 반대가 매우 컸다. "일본은 흑백텔레비전의 성장기이기 때문에 그렇게 무리해서 수출할 필요가 없다"는 의견이 지배적이었다. 그러나 그들은 쉽게 돈을 벌 수 있는 일본 국내 시장에 안주하지 않고 미국 시장에서 승부를 걸었다. 결국 미국 최대의 자동차 회사인 GM에 전화용 필터를 채택하도록 협상했고 일본의 전자 부품 회사로서는 처음으로 미국에 공장을 건설했다.

공장이 설립되면서 생산된 부품에 대한 고객 반응을 살폈고 현지인을 고용하여 지역 주민과도 유대감을 형성했다. 이로 인해 그들은 성공을 거두었고 당시 라이벌 그룹이었던 미국과 유럽의 부품 회사들은 모두 망하게 된다. 기술 판매에는 스피드가 따라야 하고 그것을 응용해야 하며 시장에 뛰어들어야 이길 수 있다고 판단한 것이다.

1엔짜리 부품도 만들어라

무라타 제작소는 단돈 몇 엔짜리 부품까지 생산 납품하는 기업으로도 유명하다. 냉정한 기술 개발의 세계에서 살아남기 위해서는 완성품 메이커가 강력하게 코스트 다운을 요구하면 거기에 맞춰주어야 한다.

그들은 휴대 전화용 필터를 1밀리미터 이하까지 극소화시켜 만든 후 개당 몇 엔 정도의 싼 가격에도 납품했다. 값싼 부품도 양이 많으면 회사에 큰 이익을 안겨준다는 전략이었다. 개당 단 1엔의 부품이라도 만들어서 단 몇 전을 코스트 다운하면 살아남을 수 있다고 판단한 것이다. 무라타 제작소는 코스트 다운을 위해 이처럼 다양한 노력을 해왔다.

"상대는 세계 시장이다. 어쨌든 지금은 세계를 상대로 물건을 만든다는 생각을 하지 않으면 살아갈 수 없다. 세계의 흐름을 민감하게 살펴 거기에 대응하고 거기에 맞는 경영 체질을 만들어야 한다. 창업 당시의 벤처 정신을 다시 한번 부활하자."

2007년 6월 28일 무라타 야스타카 회장이 사장 자리를 동생 무라타 츠네오 사장에게 넘기면서 회사 설명회에서 한 말이다. 무라타 야스타카 사장은 1991년에 취임하여 16년간 대표 이사로 근무했다. 그는 "6년간 연결 매상, 영업 이익을 모두 배가시켰다. 그 배경에는 서로 다른 아이디어로 경영했던 동생이 있었다." 하고 일선 퇴진의 이유를 밝혔다.

무라타 제작소는 2006년 6월 10일 창업주인 무라타 야스타카 사장이 대표 이사인 회장이 되고 후임에는 동생인 무라타 츠네오 부사장을 진급시켜 사장에 내정한다고 발표했다.

무라타 츠네오 사장은 1974년 도시샤대 경영학과를 졸업한 직후 무라타 제작소에 입사하여 생산 현장과 영업과 해외 주재원 등으로 줄곧 근무해 오다가 2003년 부사장이 된 사람이다. 무라타 야스타카 사장은 창업주인 무라타 아키라시의 장남이고 신임사장인 무라타 츠네오는 셋째 아들이다. 친족 경영을 계속하는 데 대하여 무라타 야스타카 사장은 "무라타 츠네오가 경영에 소질이 있다."라고 밝히면서 무라타 츠네오가 영업 담당 부사장이던 2년 전부터 후계자로 마음속에 두고 준비해 왔다고 말했다.

그는 후계자를 선임하기 전 국내외의 공장을 돌아보았고 그 준비를 착실히 진행해 왔다. 무라타 츠네오 씨가 창업주의 3남이다. 입사 이후 생산과 기술 등의 분야에서 경력을 쌓아왔으므로 자격이 있다고 판단할 것이다. 그러나 일각에서는 친족 경영, 세습 경영이 강하다고 비판했다.

그 후 무라타 제작소는 중장기 경영 계획을 새롭게 다시 짰다. 무라타 츠네오 사장은 목표를 향해 성장을 가속화하기 위해 벤처 정식 개혁이 필요하다고 종업원들의 이해를 구했다. 그리고 2007년 1월에는 그때까지 분산되었던 재료, 기술, 연구 개발 부문을 모두 합하여 기술 사업 개업본부를 신설했다. 과거 3,000개의 매트릭스 조직으로 회사를 잘게 나뉘었던 것과는 정반대의 시스템을 도입한 것이다.

우선 신규 사업인 전지와 바이오 센서 등 사업을 복수의 부품과 조합하는 모듈을 고객에게 납품한다. 개발 부문을 하나로 묶어야 모듈 개발 등 부문 간의 연결이 불가피하다는 것이다. 또한 기술 사업 개발 본부에는 과거 영업부에 소속된 마케팅팀도 산하로 편입시켰다.

"지금까지 니즈 지향으로 했던 개발뿐만 아니라 시장의 니즈와 연결된 제품은 개발하지 않는다"는 발언과 함께 개발 부문과 마케팅 부문을 영입하여 더 고객에게 가까운 관점에서 연구 개발을 진행하는 한편 인수합병M&A 사업 강화도 착실히 진행하기로 했다. 과거의 무라타 제작소의 모습과는 다른 확연한 변화이다. 이처럼 무라타 제작소는 변화를 두려워하지 않으며 경영 체질이 고무줄처럼 매우 유연한 것이 특징이다. 과거에 잘나갔다고 해서 그 시스템을 고집하지 않고 얽매이지도 않는다. 시장이 변하기 전에 먼저 선수를 치고 나간다.

"목표 달성의 최대 관건은 기술 개발의 방향성을 어떻게 이끄는가에 달렸다."

무라타 츠네오 사장의 요미우리 신문 인터뷰 기사이다. 그는 신임 사장이 된 직후인 2007년 7월 29일 교토 신문과 첫 인터뷰를 했을 때 자신이 해야 할 과제를 다음과 같이 밝혔다.

"2015년의 매출 목표 1조 엔에는 8,900억 엔의 컴포넌트, 디바이스, 모듈의 기존 사업 분야에서부터 성장까지 모두 포함되어 있습니다. 특히 모듈 분야의 경우 매상의 40%가 통신 분야로 기대하고 있습니다. 지금까지 통신이라면 휴대 전화나 인프라 중심으로 생각하고 있지만 향후에는 무선 통신, 게임, A/V 기기가 등장할 것이고 무선 통신 분야는 시장에서 그 매출이 나날이 확대될 것입니다. 국내 판매가 중심인 전원(배터리)의 경우 2007년 9월까지 미국의 대기업을 사들여 미국과 유럽 모두에 부품을 공급할 예정입니다.

무라타 츠네오 사장

베이징 올림픽 이후 A/V 기기의 제품 출하가 증가할 것이고 그 후에는 불경기가 예상됩니다. 그러나 TV의 디지털화는 중지되지 않습니다. TV에 대해서 말하면 전기 부품 시장은 아직 성장의 여지가 많이 있습니다. 또 자동차의 전자화는 하이브리드 자동차와 전기 자동차의 등장에 따라 점점 더 수요가 늘어날 것입니다. 또 기존 분야의 제품을 더욱더 고성능화시키는 것도 과제입니다.

의료 분야의 경우 심근 경색의 위험성이 있는지 알아내는 센서를 개발 중에 있으며 2009년에는 상품화될 것입니다. 환경 면에서는 콘덴서의 폐기처분에 따라 이산화탄소가 증가함으로 그것을 흡수할 수 있는 기기 계발의 사업도 추진하고 있습니다."

무라타 츠네오 사장은 자신의 구상대로 회사 경영을 밀어붙여 지휘권을 잡은 1년 후 실적으로 그것을 증명했다. 2008년 3월 24일 기준으로 전년 3분기 평가에서 퍼스널 컴퓨터, 박막 텔레비전, LCD 부문의 부품 연결 매상고는 1,745억 6,700만 엔, 영업 이익은 355억 1,700만 엔을 기록한 것이다. 주력 제품인 세라믹 콘덴서 등도 2007년 동기대비 18.9%가 증가한 672억 엔이었다.

표면화 필터와 약전센서를 중심으로 한 약전 제품 사업은 동기대비 18.6% 증가한 252억 엔으로 매출이 대폭 신장되었다. 이러한 매출 신장에 힘입어 무라타 제작소는 2014년에 매출 1조 엔을 달성해 목표를 1년 앞당겼다. 2015년 매출은 1조 4,000억 엔(11조 4,997억 원)이다.

변화를 두려워하지 않고
경영 체질이 고무줄처럼 유연하다

무라타 제작소의 목표는 무라타만의 개성을 가진 좋은 물건 만들기 모노츠쿠리이다. 그들은 부품 소재의 완성도를 높이기 위해 좋은 물건 만들기가 회사의 원동력임을 확실히 알고 있다. 좋은 물건을 만드는 첩경은 인재 육성이다. 무라타 제작소는 1960년대부터 이미 대기업과 동일한 임금 시스템, 복리 후생 제도가 있었다. 종업원들이 대기업과 동일한 대우를 받아야 좋은 제품이 나온다고 생각하기 때문이다.

도요타 자동차의 하청 업체로 자동차용 에어컨과 부품을 판다는 덴소의 경우도 세계 최강이 된 배경에는 모기업인 도요타 자동차보다 임금이 5% 더 높다. 1960년대부터 일본의 대기업들도 하지 못했던 주 5일 근무제도도 도입했다. 이는 종업원을 잘해 주어야 최고의 기업이 된다는 교토 상인의 상법과도 같다. 한국의 기업 현실에서는 요원한 얘기이다.

"교토의 전통에 대해서 말한다면 섬유도 도자기도 모두 첨단 산업이 아닙니다. 그러나 시대와 함께 산업은 쇠퇴하고 새로운 산업이 생기는 것이 당연합니다. 문제는 시대의 필요에 어떻게 대응하느냐가 가장 중요합니다. 교토에는 오래된 기업의 토양이 있습니다. 또 새로운 것도 잘 받아들여 오래된 상가들도 그러한 변신을 통해 번영하고 있습니다. 전자업계의 경우도 그러한 변화에 둔감하면 안 됩니다. 지금은 모험의 시대입니다. 과거에 매달리지 말고 늘 새롭게 시작한다는 각오를 갖지 않으면 안 됩니다."

지구상에 존재하지 않는 새로운 것을 만들어낸다

무라타는 향후 기업 전략으로 다음과 같은 목표를 가지고 있다.

1 흉내 낼 수 없는 상품과 조직을 창조하라
2 다른 회사를 의식하지 마라
3 우리만의 길을 간다
4 기술과 관리는 모두 독창적으로 창조한다
5 밸런스 조화-기술 결합과 스케일 규모가 합쳐지면 상승 효과가 난다

무라타 제작소는 창조의 대가이다. 지구상에 존재하지 않는 새로운 것만 만들어내겠다는 것이다. 늘 새로운 것만 만들어내다 보니 그들의 시장은 항상 블루 오션이다. 다른 기업들은 무라타 제작소가 신제

품을 계속 내는 한 따라잡기가 어렵다. 이러한 기업 시스템을 가지려면 연구 개발 투자가 최우선이 되어야 하고 그에 맞는 보상이 이루어져야 한다. 회사 설립 초기에 일본의 어떤 대기업에서도 납품을 받아주지 않자 세계로 눈을 돌렸고 그 결과 일찌감치 일본의 어떤 기업도 갖지 못한 독특한 기업 문화를 갖게 된 것이다. 무라타 제작소는 교토 기업의 상징이다.

부록 교토 천 년 경영 82계명

1 매일 제조 방식을 혁신하라.
–379년 일본 청주 업계 2위 겟케이칸

2 똑같은 논에서 생산되는 쌀도 해마다 맛이 다르다. 강수일수, 일조량, 햇빛의 강도, 태풍의 횟수 등이 매년 같지 않기 때문이다.
–400년 고등어초밥집 이요마타 주인

3 가게 하나만 제대로 운영해도 성공한 사람이다.
–400년 고등어초밥집 이요마타 주인

4 만고의 소나무 바람 소리를 녹차 한 봉지에 담아 바쳐라.
–300년 오차가게 잇포도 차포

5 의리는 필요 없다. 제품의 질이 우선이다.
–300년 오차가게 잇포도 차포의 납품 원칙

6 풍경을 담아 맛을 내라.
–157년 메밀국숫집 마쓰바 주인

7 몸에 배고 습관이 될 때까지 하는 것이 종업원 교육이다.
–157년 메밀국숫집 마쓰바 주인

8 최상의 품질이 아니면 어떠한 납품도 사양한다.
–360년 양념가게 시치미야

9 나쁜 물건을 파느니 가게 문을 닫겠다.
–360년 양념가게 시치미야

10 우리 가게를 한 번 찾아주신 손님과는 앞으로 백 년간 거래하겠다.
–360년 양념가게 시치미야 15대 사장

11 어떻게 하면 손님이 기뻐할 것인가를 생각하여 행동으로 옮겨라.
-360년 양념가게 시치미야

12 쓰이지 않는 물건은 판매하지 않는다.
-260년 젓가락가게 이치하라

13 대대로 하나씩 창작 젓가락을 만들어라.
-260년 젓가락가게 이치하라

14 상술은 단 하나, 세계 '최고 품질'이다.
-400년 먹가게 고바이엔

15 쇠를 금이라고 해도 믿은 정도로 고객에게 신용을 쌓아라.
-300년 금박가게 호리킨 박분

16 당대에 끝을 보려 하지 말고 크게 멀리 보라.
-300년 금박가게 호리킨 박분

17 우리의 목표는 한 자루의 칼에 우리의 마음과 정성을 다 바치는 것이다. 그래야만 그 물건을 오랫동안 사용할 수 있기 때문이다.
-460년 부엌칼가게 아리츠쿠

18 진정 좋은 물건을 만들기 위해서는 다섯 배의 노력을 해야 한다.
-460년 부엌칼가게 아리츠쿠

19 연구는 학자들만이 하는 것이 아니라 상인도 당연히 해야 하는 일이다.
-460년 부엌칼가게 아리츠쿠

20 교제는 필요 이상으로 하지 마라.
-800년 화과자 토라야 선조의 유훈

21 취미를 갖되, 그 방면의 일류가 되라.
–800년 화과자 토라야 선조의 유훈

22 손님을 뵈러 갔을 때는 오래 머물지 말며 정중히 공경하는 자세로 대하고 용무가 끝나면 즉시 돌아올 것
–800년 화과자 토라야 선조의 유훈

23 가게 일에 관해서는 각자 특기를 갖도록 노력하고 무엇보다 윗사람이 아랫사람을 잘 가르쳐라.
–800년 화과자 토라야 선조의 유훈

24 손님이 10년 혹은 일생에 한 번 정도 오지만 한 번 온다고 해서 소홀히 하는 것은 아니고 그 한 번에 최선을 다해 우리 가게의 음식을 대접하고 만족시켜 드리는 것이 주인의 임무이다.
–370년 두부가게 오쿠단 여관 22대 당주

25 친절을 팔고 만족을 사라. 확실하게 행동하고 말은 둥글게 하라. 허리는 낮추고 목표는 높게 하라.
–330년 떡가게 니시오 야츠하시

26 소리 내지 않고 손님을 모아라.
–140년 빗가게 쥬산야

27 어머니, 아내, 남편 세 사람의 관점으로 가게를 운영하라.
–300년 여관 다와라야

28 그릇에 음식을 너무 많이 담으면 심적 압박을 느낀다. 적게 담아야 음식의 색깔과 모양새가 선명해져서 더욱 인상적이 된다. 맛과 향의 적당한 여백, 더하는 것이 아니라 뺌으로써 요리의 미학이 완성되는 것이다.
–450년 여관 헤이하치차야

29 나는 노렌 가게 문양이 그려진 발을 지킨다는 말은 하고 싶지 않습니다. 지킨다는 말 속에는 스스로 쇠퇴한다는 뜻이 담겨 있습니다. 요즘 시대에는 릴레이로 달리는 시대가 아닙니다. 다음의 주자에게 바통을 넘기는 것이 아니고 다음 주자가 스스로 다른 바통을 만드는 것입니다.

–450년 여관 헤이하치차야 20대 당주

30 옛것을 소중히 한다는 것은 유적을 지키는 행위가 아닙니다. 오늘의 파괴가 내일엔 전통이 됩니다.

–450년 여관 헤이하치차야 20대 당주

31 첫째는 손님, 둘째는 거래 업자, 셋째는 종업원, 넷째는 가족, 다섯째는 신용.

–198년 여관 히이라기야

32 말해도 안 되는 것은 무관심, 말해서 되는 것은 당연한 것, 말하지 않아도 하는 것은 진심.

–198년 여관 히이라기야 6대 안주인 니시무라 아케미

33 전통 요정이라고 해서 무조건 과거의 전통만을 고집해서는 안 됩니다. 저희도 음식을 부문별로 아웃소싱하고 있습니다.

–300년 요정 이치리키차야

34 시대가 바뀐다고 해서 하루아침에 전통을 버릴 수는 없죠. 다시 시대가 바뀌면 저희 가게의 제품을 찾아 주시는 고객이 올 겁니다. 크게 멀리 보겠습니다

–300년 주석제품 가게 세이카토 7대 당주

35 지금까지 12대 300년, 앞으로도 300년을 걸어가겠다.

–300년 향 가게 쇼에이도

36 길 속에 또 길이 있다. 최대한 연결하라. 묶어라. 당겨라.
–180년 된장가게 혼다 된장 7대 당주

37 소의 쇠스랑처럼 장사하라.
–220년 두부가게 유바기치 가훈

38 교토 여인의 섬세한 손으로 만든 최고의 물건
–1,300년 혼수용품 가게 겐다

39 남이 알아주든 알아주지 않든 내 길을 간다.
–1,300년 혼수용품 가게 겐다

40 신감각의 부채를 늘 발신하라.
–1,200년 부채가게 마이센도

41 고객님이 만족하는 순간이 우리에게 최고의 순간이다.
–1,200년 부채가게 마이센도

42 그래 봤자 떡 장사, 그래도 떡 장사
–1,016년 인절미 떡가게 이치와

43 고객에게 믿음을 주는 곳이 노포이다.
–600년 메밀국수 가게 오와리야

44 감사의 마음으로 진짜 물건의 섬세함을 만들어라.
–교토 상인 철학

45 1엔짜리 부품도 만들어라
–무라타 제작소 무라타 츠네오 사장

46 밸런스와 스케일이 합쳐지면 상승효과가 난다.

–무라타 제작소 경영방침

47 목표 달성의 최대 관건은 기술 개발의 방향성을 어떻게 이끄는가에 달렸다.

–무라타 제작소 경영방침

48 상대는 세계 시장이다. 어쨌든 지금은 세계를 상대로 물건을 만든다는 생각을 하지 않으면 살아갈 수 없다. 거기에 맞는 경영 체질을 만들어야 한다.

–무라타 제작소 야스타카 회장

49 흉내 낼 수 없는 상품과 조직을 창조하라.

–무라타 제작소 경영 방침

50 모든 것을 모듈화하라. 경영의 경우도 인프라 플랫폼, 의사 결정 플랫폼, 부품의 모듈화로 이어져야 한다.

–옴론

51 사원의 아이디어는 현금으로 보상하라.

–옴론

52 침대에 100년 누워 있는 것보다 50년을 발로 뛰는 것이 행복하다.

–옴론

53 고객이 즐거워야 우리도 즐겁다.

–옴론

54 돈만 좇는 것은 죽은 목표이다.

–옴론

55 현장에 신이 살고 있다.
-호리바 제작소

56 모든 업무 시간을 반으로 줄여라(타임 원 하프제).
-호리바 제작소

57 중요한 일은 오전에 하라(집중 타임제).
-호리바 제작소

58 최소 사업 단위인 아메바는 경기의 흐름에 맞게 스스로 형태를 유연하게 바꿔라.
-교세라

59 모든 아메바 구성원은 회계 수첩을 보면서 자신의 아메바가 거둔 실적을 늘 파악하라.
-교세라

60 인간의 능력 차이는 최대 다섯 배이다. 마음가짐은 사람에 따라 100배의 차이가 있다. 경험과 능력이 적어도 할 수 있다는 패기만 있으면 성과가 나온다
-일본전산 나가모리 시게노부 사장

61 4S인 세리(정리), 세이돈(정돈), 소지(청소), 세이케츠(청결)가 의식 개혁의 핵심이다.
-일본전산 나가모리 시게노부 사장

62 지금 해라. 반드시 해라. 될 때까지 해라. 이 정신만 가지면 못할 일이 없다. 그 대신 회사가 죽을 때까지 모든 것을 책임진다.
-일본전산 나가모리 시게노부 사장

63 도시락을 빨리 먹는 사원을 뽑아라.

–일본전산 나가모리 시게노부 사장

64 전자 업체가 커지면 커질수록 그 사이에 빈틈은 많다. 우리는 그 빈틈을 노린다.

–로옴 사토 겐이치 사장

65 매월 부서별 팀별 실적을 약 20개 항목으로 평가하는 소년 야구단 방식을 도입하라

–로옴

66 세계에 하나밖에 없는 기술을 만들어라.

–로옴 사토 겐이치 사장

67 수익, 안전성, 기술, 사회 공헌의 네 마리 토끼를 잡아라.

–로옴 사토 겐이치 사장

68 개별 기술을 묶어 새로운 기술을 만들어라.

–로옴 사토 겐이치 사장

69 인재 양성은 365일 하라.

–로옴 사토 겐이치 사장

70 환경 보전과 비용 절감은 동전의 양면이다.

–로옴 사토 겐이치 사장

71 반 상식과 반골 기질이 세계 1위의 지름길

–삼코 인터내셔날의 츠지 마코도 사장

72 엉뚱한 사람만이 신기술을 개발한다. 기술 1위만이 살아남는다. 고로 나는 엉뚱한 기술자를 좋아한다.

–삼코 인터내셔날의 츠지 마코도 사장

73 길이 안 보이면 사물을 쪼개보라. 그러면 길이 보인다.

–삼코 인터내셔날의 츠지 마코도 사장

74 시장이 없다고 한탄하지 마라. 시장이 없으면 새로 만들면 된다.

–삼코 인터내셔날의 츠지 마코도 사장

75 가슴의 온도를 28도로 유지하라.

–와코루 츠카모토 고이치 사장

76 브래지어를 입어보는 고객에겐 현금 10엔을 주어라.

–와코루 츠카모토 고이치 사장

77 실버 시장은 황금 시장이다. 노인을 젊게 해 주는 것처럼 좋은 일이 어디 있는가. 거기서 황금을 캐라

–와코루 츠카모토 고이치 사장

78 시대가 원하는 몸매로 바꿔 주라. 몸매의 기준도 시대에 따라 바뀐다.

–와코루 츠카모토 고이치 사장

79 고객을 공주님으로 만들어줘라. 공주 패션이야말로 큰 돈벌이다.

–와코루 츠카모토 고이치 사장

80 물건이 좋고 나쁜지를 미리 고객에게 알리고 판매하라.

–다카지마야 백화점 영업 방침

81 손님을 빈부에 따라 차별하지 마라.

–타카지마야 백화점 창업주의 유언

82 사람에게 인격이 있듯이 회사에도 사격이 있다.

–닌텐도 경영 철학

어떻게 지속성장할 것인가

초판 1쇄 발행 2016년 7월 28일
초판 3쇄 발행 2018년 1월 02일

지은이 홍하상
펴낸이 안현주

경영총괄 장치혁 **마케팅영업팀장** 안현영
디자인 표지 twoes 본문 dalakbang

펴낸곳 클라우드나인 **출판등록** 2013년 12월 12일(제2013 - 101호)
주소 우) 03993 서울시 마포구 월드컵북로 4길 82(동교동) 신흥빌딩 6층
전화 02 - 332 - 8939 **팩스** 02 - 6008 - 8938
이메일 c9book@naver.com

값 15,000원
ISBN 979 - 11 - 86269 - 49 - 7 03320

* 클라우드나인에서는 독자여러분의 원고를 기다리고 있습니다.
  출간을 원하는 분은 원고를 bookmuseum@naver.com으로 보내주세요.

* 클라우드나인은 구름 중 가장 높은 구름인 9번 구름을 뜻합니다. 새들이 깃털로 하늘을 나는 것처럼 인간은 깃펜으로 쓴 글자에 의해 천상에 오를 것입니다.